[美] 尼古拉·特斯拉 著
星火 译

创新
特斯拉传
TESLA BIOGRAPHY

北京联合出版公司
Beijing United Publishing Co.,Ltd.

图书在版编目（CIP）数据

创新：特斯拉传 /（美）尼古拉·特斯拉著；星火译. -- 北京：北京联合出版公司，2025.3. -- ISBN 978-7-5596-8151-5

Ⅰ．K837.126.1

中国国家版本馆CIP数据核字第20249HK170号

创新：特斯拉传

作　　者：[美]尼古拉·特斯拉
译　　者：星　火
出 品 人：赵红仕
责任编辑：周　杨
封面设计：王　鑫

北京联合出版公司出版
（北京市西城区德外大街83号楼9层 100088）
北京新华先锋出版科技有限公司发行
三河市中晟雅豪印务有限公司印刷　新华书店经销
字数175千字　620毫米×889毫米　1/16　15印张
2025年3月第1版　2025年3月第1次印刷
ISBN 978-7-5596-8151-5
定价：68.00元

版权所有，侵权必究
未经书面许可，不得以任何方式转载、复制、翻印本书部分或全部内容。
本书若有质量问题，请与本社图书销售中心联系调换。电话：（010）88876681-8026

目录

第一部分 //
特斯拉回忆录

第一章	早年经历	/003
第二章	初试发明	/024
第三章	全心钻研——旋转磁场的发现	/038
第四章	特斯拉线圈与变压器的发明	/054
第五章	特斯拉的"世界系统"	/066
第六章	"宇宙"与未来	/081

第二部分 //
特斯拉的文章及演讲

我的童年	/104
电气时代的进步	/110
电气时代的未来	/126

无线传输的未来	/133
对话行星	/137
宇宙如何塑造我们的命运	/146
人类将在科学的进步中受益	/156
科学和发现是结束战争的伟大力量	/161
太阳能推动人类活动进步	/182
从自然界获取能量	/185

第三部分 //

关于特斯拉的报道

人类的未来与蜜蜂	/192
死亡射线与球状闪电	/199
神奇的尼古拉·特斯拉	/205
伟大的发明家特斯拉——直觉敏锐的高岭之花	/215

附 录 //

特斯拉生平大事记	/226

第一部分 //

特斯拉回忆录

人类的智慧所产生的事物中,最重要的莫过于发明创造了。

第一章　早年经历
Tesla's Memoirs

人类的智慧所产生的事物中，最重要的莫过于发明创造了。正是它，在人类的发展进程中起到了很大的推动作用。从根本上说，发明创造的目的是利用自然的力量来满足人类的需要，用人类的智慧控制这个由物质构成的世界。然而，不少为此努力的发明家不仅无法得到相应的经济回报，还会成为外界嘲笑的对象，这些都使他们的前行变得更加艰难。但于他们而言，运用智慧进行发明创造，本身就能带来相当大的满足。他们清晰地知道，他们能成为特殊的一群人，原因在于他们拥有的这些知识和能力。而正是因为有了他们这样一群人，人类才能在严酷的自然界中存活下来。他们所能得到的回馈，便是由此带来的愉悦与成就感，他们在这个过程中收获了极大的精神满足。

所以，我也和他们一样，多年沉浸在发明创造带来的自我满足

创新：特斯拉传

中，感受着始终陪伴我的无与伦比的、至高无上的愉悦。有人夸我是最为勤勉的人，如果思考也能算是一种劳作的话，那我或许当之无愧。除了睡觉的时候，我的大脑从没停止过思考。但如果劳作被框定为在特定的时间段内所进行的特定的行为，面对如此具有局限性的解释，我就只能把自己归为最为懒惰的人了。

通常，一个人不得已从事的某项工作，会极大地消耗他的生命能量。但我从未遇到过这样的情况，思考只会使我的智慧更加充盈。

我年少时经历的事情，周围的环境，以及由此受到的各种影响无疑对我的职业选择起着非常关键的作用。虽然我的内心并不太愿意将这些过往讲述出来，但这既然是本自传，为了显示出我的人生历程的连续性及可信度，我还是要勉为其难地将其写出来。

通常，幼时的我们偏向于依本能行动，满脑袋的海阔天空，渴望无拘无束的生活。随着年岁的增长，我们会逐渐变得理智，考虑得更为周全。但真正能够影响我们的命运的，是那些一直隐藏在我们内心深处的原始冲动。这些原始冲动并不会立刻显露，而是静待关键时刻的到来。我相信，如果我在幼时就充分地明白了这个道理，并对那种冲动进行训练——而非克制——我可能会为这个世界做出更大的贡献。可惜事实并非如此，直到成年后，我才发现自己满足成为一名发明家的一切条件。

我没能及时发现自己的天赋，是有诸多原因的。其中有一点不得不提，那就是我天赋异禀的哥哥。很难用生物学解释，他那看似平凡的身躯为何拥有那样惊人的才能。可这样一个无与伦比的天才，却不幸夭折了，我的父母始终为此郁郁寡欢。

有一位好友送给我们家一匹阿拉伯纯种马。这是一匹有着高贵血统的马,相当通人性,深受我们全家的宠爱。它的智慧堪比人类,曾经救了我父亲一命。那是一个冰霜凛冽的寒冬之夜,有人急切地找到我父亲,拜托他去做圣礼[1]。父亲骑着马穿过林地时,遇到了狼群。这匹马受惊了,它疯狂地奔跑,把父亲狠狠甩下马背。我的父亲当场昏厥。那匹马就这样跑回了家,身上带着血迹,已然疲惫不堪。但它在向我们警示了事故后,又一路飞奔,返回了事发地。搜救队没出发多久,就遇到了父亲。他已经恢复了意识,正骑在马背上往家走,完全没意识到自己曾在雪地中昏迷好几个小时。

同样是这匹马,导致我的哥哥身受重伤,最终不治身亡。当时,我亲眼看到了这场事故。尽管已经过去了五十六年,那时的情形依旧时常浮现在我的眼前,令我记忆犹新……

在我的记忆里,哥哥的优秀是我怎样努力都无法超越的。我在他面前,就如米粒之于高山。无论我怎样努力,无论我做得有多好,也无法使父母的悲痛之情得到任何的缓解。相反地,还会加深他们对哥哥的怀念。故而,幼时的我非常缺乏自信。当然,我绝非一个愚笨的小孩。我记得有一天,当我和一帮孩子在大街上玩耍时,一群令人景仰的市政官走了过来。其中最年长的那位相当富有,他送给我们每人一枚银币。轮到我的时候,他突然停下来,严肃地说道:"看着我!"我遵照他的吩咐,看向他的眼睛,并满怀期望地伸出手去,期待着那枚贵重的银币。但这份期待很快就变成了失落。他

---

[1] 基督教重要礼仪,借圣灵净化人心灵的仪式。

创新：特斯拉传

对我说："你别指望了，你这孩子太聪明，我不会给你任何东西。"

还有一件我幼时的趣闻，被我的家人作为茶余饭后的笑谈，津津乐道了好多年。我有两位年迈的姑姑，脸上满是皱纹，其中有位姑姑还长了两颗如象牙般凸出的龅牙。她每次亲吻我，那两颗龅牙都会狠狠地扎到我的脸上，痛得我龇牙咧嘴。我不由得对她心存畏惧。幼时的我，最害怕的就是这些不太讨人喜欢的亲戚热情地要抱我了。一天，两位姑姑逗弄起了正在母亲怀中玩耍的我，问我她们俩谁更漂亮。我仔细地观察，经过一番认真思考，才指着其中一个说："这一个没有那一个丑。"

特斯拉的出生地

我的父亲是名牧师，因此，从我出生开始，家人就希望我长大后也能成为一名牧师，好子承父业。可我的梦想始终是当工程师，故而一直为他们的期盼而苦恼。我父亲对此非常执着,似乎除了当牧师外,我就没有别的选择。我的爷爷曾在拿破仑的军队中担任军官,大概受此影响,他的两个儿子自幼接受军事化教育。但意外的是,其中一个成了一位牧师,而且拥有很高的名望,另一个则在一所著名的学校里担任数学教授。

我的父亲学富五车,兼具哲学家、诗人及作家的才能。据说,他的口才之好,可以比肩亚伯拉罕·阿·圣克拉拉[1]。他还拥有不凡的记忆力,能大段背诵各种语言的经典著作。他曾用开玩笑的方式说,如果这些经典绝版了,他完全可以凭借记忆将它们默写下来。另外,父亲的文笔也备受称颂。他有着精炼而流畅的文风,笔下的文字深邃而富有智慧。他的言谈更是诙谐有趣,妙语连珠。

我们家有个叫梅恩的仆人,眼睛有些斜视,每天在农场里工作。有一天,父亲看到梅恩正在农场劈柴。他每挥出一次斧头,都让父亲担心不已。最后父亲忍不住出言提醒:"梅恩,愿上帝保佑,不要让你的斧头劈向眼睛能见之物,而要劈向心中所想之物。"

还有一次,父亲和朋友们乘马车出门游玩,一位朋友的名贵皮大衣不小心擦到了马车车轮。父亲就开玩笑地提醒道:"朋友,请注意你的大衣,它会弄坏我的车轮的。"

父亲还有个自言自语的习惯。当他一个人在房间里时,总喜欢变着腔调分饰多个角色,让这些角色进行激烈的辩论。如果这时正好有人从屋外经过,一定会误以为这屋里有好几个人吧。

---

[1] 奥古斯丁派修士。17世纪下半叶最著名的讲道士之一。

"梅恩，愿上帝保佑，不要让你的斧头劈向眼睛能见之物，而要劈向心中所想之物。"

我的发明创造能力大部分源于母亲的遗传，但父亲的各种训练也发挥了重要的作用。训练多种多样，包括猜测他人的想法，从别人的穿着打扮或者言谈举止中发现他们的毛病，对复杂的长句子进行复述，心算，等等。这些训练使我的记忆能力和推理能力得到了锻炼，更使我的批判性思维得到了极大的提升。可以说，我长大后取得的成就与这些训练的成果是分不开的。

我的母亲来自一个古老的家族。她的家族中，有好几位都算得上是发明家。就拿她的父亲和祖父来说，他们为了更好的生活条件和更有效率的农业生产，发明了不少工具。而我的母亲，她无愧于"伟大女性"这一称谓。她不仅拥有卓越的能力，还有着坚韧果敢、百折不挠的性格。纵然一生中不断地经历着艰难困苦，她一直以勇敢的态度面对各种磨难和打击。

母亲16岁时，她的家乡暴发了瘟疫。这场致命的瘟疫很快席卷了整个国家。一天，外祖父被一户人家请去了。这家的病人已是奄奄一息，希望外祖父为其施受临终前的圣餐礼[1]。可就在这时，邻居家也染上了瘟疫，一家五口人相继离世。母亲便独自前往邻居家，不仅替死者沐浴更衣，还按照当地的习俗，用鲜花装点了遗体。外祖父回到村庄后，看到母亲做的一切，大为震惊。母亲已经完成了一场基督徒葬礼所需要的一切准备工作。

我的母亲其实还是一名一流的发明家。我相信，如果她能够更多地接触外面的世界和现代社会生活，她一定能够取得伟大的成就。

---

[1]基督徒的重要仪式之一，表明主的生命常与信徒同在的圣事。

创新：特斯拉传

即便只是待在家中，她也发明创造了各种各样的工具和设备，使生活更加便利、高效。她不仅在田里辛勤地劳作，还从收获的植物中提取纤维，纺织棉线，织出精美的图案。母亲每天从早到晚不知疲倦地工作，我们家中的大部分衣服和家具都是她亲手制作的。年过六旬之时，她的手指依然灵巧，连在眼睫毛上打三个结也毫无问题。

我没能早早地发掘出自己的天赋，还有一个更重要的原因，那是我年少时一段奇异且痛苦的经历。在那段时间里，总会有一些图像和景物出现在我眼前，常常伴有强烈的闪光。这阻挡了我的视线，极大地扰乱了我的思想和行为。那些图像和景物并非幻想之物，而是一些我曾经见过的东西。尤其是听到别人提到某个词语时，那个词语所代表的事物就会清晰地出现在我眼前，使我无法确定眼前的事物究竟是真实的存在，还是我头脑里虚幻的想象。

这样的情况让我备受煎熬。我为此请教了许多生理学和心理学领域的专业人士，却始终没有得到满意的解答。这种奇异的现象仿佛非常罕见，只发生在我身上。但我深知这是不可能的，因为在我的记忆中，哥哥也曾受这样的情况困扰。

我不得不进行自我分析，认为这是大脑在极度兴奋的情况下，将图像投射到了视网膜上。因为我的身体在其他方面都表现正常，情绪也极为平和，所以我排除了疾病或是精神原因导致幻觉的可能性。举个例子，我目睹了一场葬礼或者其他刺激神经的景象，那么到了夜深人静之时，我会感到痛苦铺天盖地地倾轧而来，那些场景会重新显现在眼前，无论如何也无法驱散。有时候，这些图像会固定在我眼前，即使我伸出手去推它们，它们也不会发生任何变化。

如果我的这番分析是正确的,就可以认为,人类所想象的事物是完全可以通过图像的方式投射到屏幕之上的。如果能将这一点变为现实,人际关系可能会发生天翻地覆的变化。我坚信,在未来的某一天,我们一定能创造这样的奇迹。当然,我也花费了很多心思,为实现这一可能进行了大量的探索。

这些经常出现的图像和景物一直困扰着我,为了从中脱身,我尝试着将自己的注意力转移到其他方向,不断地想象其他曾见过的事物。这确实能暂时缓解痛苦,但需要我一刻不停地在头脑中播放新的事物。没过多久,我的"影像库"就出现了资料短缺的情况。那时,我的生活圈子太过狭窄,能看到的仅仅是家及家附近的事物。因此,当我感到痛苦时,可以调取的新图像越来越少。当我在脑海中第二次或第三次调取这些图像时,它们转移大脑注意力,从而缓解痛苦的效果便会逐步减弱,直至彻底消失。出于本能的需要,我开始让自己的思绪走得更远,离开熟悉的小世界,去寻找全新的图像和景物。这些新的景物一开始都是模糊不清、很难辨别的,当我试图集中注意力时,它们就会突然消失得无影无踪。但慢慢地,它们变得清晰起来,直至在我大脑中成为逼真的物体。

很快我就发现,这种无拘无束的想象能带来极大的快乐,它不仅可以缓解精神上的痛苦,还能让我获得心理上的满足。于是,我开始在脑海中自在遨游。每天晚上,当我独自一人的时候,我的思维就开始远航。我会到新的地方游历,在新的国家和地区生活,了解不同城市的风土人情,认识新的朋友。可能其他人无法相信,但对我来说,这些人就像现实中真实存在的人一样。他们的言行都令

创新：特斯拉传

人感到亲近。

直到 17 岁，我都过着这样的生活；在那之后，我便将全部精力转向了发明。我兴奋地发现，先前为了缓解精神痛苦而进行的想象，有非常大的用处——我不需要模型和图纸，甚至不需要进行实验，仅靠想象就能将所有设想和细节清楚地呈现出来，和真的没有两样。与那些单纯进行实验的方法不同，我采用了一种另辟蹊径的发明理念和思路，我坚信自己的这种理念和思路是更加方便有效的。发明创造就是制造出各种设备，以实现人们头脑中的想象。此时，人们的注意力往往不可避免地集中在设备的细节和缺陷上。尤其是当需要对设备进行相应的改进和重新设计时，设计人员的注意力会被进一步分散，甚至可能忽略最为重要的基本原理。在这种情况下，发明可能取得一定的效果，但其质量却不能完全得到保证。

我的设计方法则完全不同。我不会在没有考虑清楚的情况下，就急于实践操作。一旦想法产生，我会先在头脑中进行构建，对其结构进行修改，改良各部分设计，并进行试运转。一台涡轮机是在头脑中开动，还是在车间里运转，对我来说并没有任何区别。我的头脑中能展现我发明的一切细节，就连涡轮机是否处于平衡也一览无余。也就是说，我的头脑中的想象和现实的情况没有差别，最后得到的结果也是一致的。因此，我能用最快的速度对想法进行实践和完善，且不需要任何实物的介入。等我将设备改进到完善的地步，再也找不到任何缺陷，才会将头脑中的事物制作成现实的产品。

我这 20 年来设计的所有装置，没有一样和我头脑中的运行情况相悖，实验结果也都和我的设计相吻合。无论是工程的、电气的，还是机械的，每一项的结果都符合我的预期。在我看来，无论是一个可行性理论，还是一组实际数据，所有的设计元素都能够在头脑中进行预先的测试。如果一有了想法就付诸实践，反而会浪费大量的精力、金钱和时间。

我还从年少时的精神痛苦中得到了另一样礼物：在不断想象的过程中，我的观察能力得到了极大的锻炼，能够让我更准确地发现事情的真相。我注意到，那些出现在我大脑中的景物，其实都是我以前见过的。当这些情况本身或者触发条件发生变化时，我就会要求自己找到产生变动的原因。这样长期的训练，使我的大脑建立起了对因果关系的无意识思考。

很快，我惊讶地发现，我所有的想法都是由外界的影响触发的。这样的影响，不仅作用于想法，还作用于我所有的行为。我开始认识到，我不过是一台能动、有感情、会思考的自动装置罢了，驱动我这台装置的便是感官的刺激。我在多年后提出的"遥控自动学"的概念，就是这一思路的延展。虽然这项技术目前还不够完善，但终有一天，人们将认识到它所蕴含的巨大潜力。长期以来，我都想发明出一种"自动控制机"——一种具备一定思维能力，可以自我控制的机器。我坚信，这样的机器一定会出现，并且将会在工业、商业的各个领域引发一场革命。

如果一有了想法就付诸实践，反而会浪费大量的精力、金钱和时间。

我在 12 岁时，终于凭借自己的努力，首次成功地消除了头脑中出现的影像。但那些莫名其妙的闪光却始终无法得到控制。这或许是我这一生最奇特、最神秘的体验。有时我甚至会看到，自己被烈焰包围了起来。随着年龄的增长，这样的现象不仅没有减少，还越发频繁，终于在 25 岁时达到了顶峰。

1883 年，我受一位著名的法国制造商邀请，去巴黎郊外打猎。那时，我长期待在工厂里，郊外新鲜的空气顿时令我的精神无比振奋。这样的刺激，使我在当晚回城的路上便开始感到灼热，脑袋里像是有一个小太阳在燃烧。我头痛欲裂，整个晚上都需要不断地冷敷降温。之后，那团小太阳般的闪光出现的次数逐渐减少，强度也在逐渐减弱，直到三周后才完全消失。此后，我再也没有接受过出城打猎的邀请。

事实上，每次有了新的想法，那种闪光就会出现在我的眼前。但这种现象不再令我过度兴奋，闪光的强度也没有那么剧烈。当我闭上双眼，首先浮现的是一片蓝色的世界，如同晴朗无星的夜空。但仅仅过了几秒钟，原本的世界中就会出现无数绿色的光芒，闪耀着，层层叠叠不断向我袭来。之后，右侧会出现两组由紧密排列的平行线条构成的华美图案。两组线条互相垂直，以黄绿色及金色为主色调，构成五彩斑斓的图案。这些线条逐渐变亮，整个世界都缀满了闪亮的光点。

整个图案会从右向左移动，缓缓经过我的眼前，大概 10 秒后消失在左侧，只剩下阴郁呆板的灰色世界。但很快就会出现一片云海，云海不停翻腾，仿佛有生命想要从中跃出。奇怪的是，在云海

创新：特斯拉传

出现前，我始终无法在那片灰色的世界中添加任何东西。每当我即将入睡时，我的眼前就会不断闪现人和物的图像，那时我便知道，我快要进入睡眠了。如果始终无法见到这样的图像，就意味着这一夜要失眠了。

我想再讲讲另一件发生在我身上的怪事，进一步说明想象在我的幼年时期产生了怎样的影响。

小时候的我和大多数孩子一样，盼望着能有某种神秘的力量让我停留在空中。如果山里吹起一阵裹挟着清新气息的风，我就会感觉身体轻飘飘的，如一块软木塞一般。我会跳起来，试图体会更长时间的空中飘浮。我非常享受这种奇妙的感觉。可后来我才知道，这不过是我在自欺欺人而已，顿时感到失望至极。

幼年的我有很多奇奇怪怪的喜好和习惯，有些可以解释为受到外界影响，有些的起因却令人毫无头绪。例如，我很喜欢女性饰物，那些有着精美设计和图案的手镯令我很是喜爱。但我对耳环却有着强烈的反感。另外，我还喜欢晶莹剔透的水晶，对于棱角分明、表面平整的事物都很有兴趣。但一看到珍珠，我就头昏脑涨。除非被人用手枪指着，不然我是绝不可能摸别人的头发的。

只要看到桃子，我就会发烧。一片小小的樟脑，无论藏在房间的何处，都会令我寝食难安。就算现在，我对这些东西也很敏感，一看到就心绪不宁。如果看到一个装着水的盘子里有碎纸片，我就莫名其妙地感觉嘴里有一股令人恶心的怪异味道。

我走路时喜欢计算步数，吃饭时则喜欢计算汤碗和咖啡杯的容积，以及摄入的食物份数，否则就食之无味。我所有的重复动作和重复操作，其次数必须是 3 的倍数。如果不是，我就会强迫自己做到相应的数量为止，即便多花几个小时也值得。

8 岁前，我的精神很脆弱，性格也优柔寡断。那时的我毫无勇气，根本无法自己下定决心去做什么。我时常经历剧烈的情绪波动，从一个极端到另一个极端。我的梦想就如同九头蛇[1]的脑袋一般，不断地新生，无穷无尽。我对死亡充满了惧意，对神灵感到敬畏，无法承受生命的苦痛。我的头脑中充满了迷信思想，为可能遭遇的魔鬼或某处潜藏着的怪兽惶惶不可终日。

一个突如其来的变故对我一生的道路产生了重大的影响。当时我最大的爱好就是阅读。我父亲有个巨大的藏书室，我会偷偷溜进去看书，满足我旺盛的阅读欲。但父亲对于我的这一爱好很不满，一旦发现，他便会大发雷霆。他会将我的蜡烛藏起来，以免我因读书而看坏眼睛。但我并不会就此罢休，我很快就自己找来了牛油，制作出灯芯，将它们放到一个密封的锡器当中。晚上，我会先将书房所有漏光的门缝和锁眼都遮住，再开始点灯读书，直到天色泛白。那时，人们都还在睡梦之中，母亲却已经开始了一天的辛苦劳作。

一次，在父亲的书房里，我发现了一本匈牙利著名作家约西卡的小说《阿奥菲》的塞尔维亚语译本。不知道为什么，这本书唤醒了我尚未觉醒的意志力。从此，我便开始有意识地培养自控力。

---

[1] 古希腊神话中的怪物，传说每砍掉它的一个头，就会有另一个新头生出。

我所有的重复动作和重复操作，其次数必须是3的倍数。

起初，事情进展得并不顺利，我的决心如同四月的雪一般，很快就消融了。但不久之后，我克服了自己的这一弱点，终于能按自己的想法来做事，这让我体会到了从未有过的快感。我逐渐适应了这种心理上的自我控制，使其成为无意识的行为。刚开始，我需要强行抑制自己的欲望。但不久之后，我就将个人的欲望与意志的控制进行了结合。几年之后，我不仅能完全控制自己的意志，还能游刃有余地控制自己的欲望——其中的某些欲望甚至能够摧毁意志最坚定的人。

有段时间我沉迷赌博，让父母无比担忧。当时的我，最高兴的事就是坐下来打牌。但我的父亲是个生活极其自律的人，堪称世人的模范。他对我糊里糊涂的生活状态很是不满，认为我在赌博上白白浪费了自己的时间和金钱。

其实，那时的我已经拥有极好的意志力和自控力，但没能塑造健康的人生观和价值观体系。我经常不以为意地对父亲说："只要我想，随时都可以不再赌博，但我现在买到的

特斯拉身着塞尔维亚服饰

创新：特斯拉传

可是天堂般的快乐，你真的要让我放弃吗？这样做值得吗？"这种放纵自我的态度，让父亲不时地对我怒吼，宣泄他的愤怒和蔑视。但母亲却不会如此，她对男人的本性一清二楚，知道要改掉一个人的毛病，只能靠这个人自己。

我清楚地记得，某个下午，我将身上所有的钱都输光之后，就和所有其他的赌徒一样，准备再赌一把，来次大翻身。这时，母亲拿着一沓钱走过来，对我说："要赌就痛痛快快地赌一场吧。就算将全部家当都赌光了也好，越快输掉越好。我相信你迟早会醒悟的。"母亲的做法是正确的，当时我就克制住了想要豪赌一场的欲望。此后，我不再赌博，甚至彻底将其从心里去除，不留一丝念想。我时常会想，如果那时的欲望能再强烈百倍就好了，如此才更能突显我意志力的坚强。从那之后，我对任何形式的赌博都像对剔牙一样毫无兴趣。

之后，我染上了烟瘾，严重到影响健康的程度。最终，我再次发挥了超强的意志力。这一次，我不仅戒除了烟瘾，还将所有对健康有害的喜好统统戒除了。另外，从很早开始，我的心脏就有问题。后来才知道，这主要是每天早上喝咖啡导致的。尽管这个多年形成的习惯极不容易戒除，我还是立马将其戒掉了。就此，我不断地将坏的习惯和喜好一一控制住。虽然大多数人认为这样的生活方式会使我失去众多人生趣味，过得如同一个苦行僧，但它却延长了我的生命。同时，这样的自我克制，使我获得了无与伦比的满足。

我逐渐适应了这种心理上的自我控制,使其成为无意识的行为。

创新：特斯拉传

完成格拉茨技术大学及布拉格大学的学习后，我一度陷入了精神的困境，几近崩溃。在这段时间，我看到了各种怪异的、让人无法理解的现象……

于人生而言，自省可谓无价之宝，是通往成功的必由之路。

第二章　初试发明
Tesla's Memoirs

下面，我将简要讲述一下上文提到的怪异现象，因为心理学和生理学的研究者也许会对此有兴趣，也因为这样的痛苦极为严重地影响了我的心智成长及后续研究工作。不过在开始讲述之前，我需要先介绍我过去所处的环境，或许能从中找到这种痛苦经历的根源。

幼年时，我就被强迫着关注自身，这对那时的我而言，无疑是件非常难受的事。但现在看来，这反而是件好事，让我意识到：于人生而言，自省可谓无价之宝，是通往成功的必由之路。如今我们生活在一个危机四伏的现代社会，铺天盖地的生存压力和源源不断的外部认知持续涌入我们的意识。人们往往专注于对外界的思考，却忽略了自己的内心活动。

这正是数百万人早早地离开人世的原因。即便是那些小心翼翼的人，也常会犯抑制自己想象力的错误，忽略了真正的危险。这样的说法适用于个人,也在一定程度上适用于整个人类族群。

我并非一个严格的禁欲主义者,但我在自我控制当中感受到了愉悦。下面的几个小故事,可以证明我的说法。

一个寒冷的冬日夜晚,我准备返回所住的酒店,却见不到一辆出租车,只能顺着路走回去。这时,我发现有个男人在我后面不远处走着,和我一样脚步匆匆。当时道路非常湿滑,我一不小心打了个滑。可就在我要摔倒的时候,我的脑海里闪过一道亮光,神经迅速反应,肌肉立即收缩。我一个筋斗翻起,用双手支撑地面后,站起来继续向前走,如同在表演杂技。身后那个陌生人看得目瞪口呆,赶忙追上我,问我的年纪。当他知道我已经59岁时,更是惊讶到无以复加:"我只知道猫有如此矫健的身手,却不知道原来人也可以做到。"

一个月前,我想配一副新眼镜,便找到一位眼科医生测视力。在例行检查中,医生对于我可以轻易地看清视力表最下方的一行图形而深表怀疑,觉得这无论如何都是不可能的。得知我已经年过六十,他更是吃惊不已。

我的朋友们时常对我的穿着进行评价,说我的衣服非常合身,完全就是量身定做的。可他们不知道的是,我的衣服确实是定做的,而且是按照我35年前的身体尺寸定做的。也就是说,在这35年当中,我的身材没有发生任何的变化,就连体重也毫无增减。

关于体重,还有一个颇为有趣的故事。1885年冬天的一天晚上,我来到爱迪生照明公司位于第五大道65号对面的办事处,与爱迪生先生、董事长爱德华·H.约翰逊和经理巴特切罗先生聚会。

创新：特斯拉传

当时有人提出猜一猜别人的体重，轮到我时，大家让我在体重秤上站好。摸过我的全身，爱迪生说："142磅，误差可以控制在一盎司之内。"爱迪生的猜测非常精准。事实上，我当时的净体重就是142磅，到现在也没有改变。我当时感到不可思议，就压低声音问一旁的约翰逊："为什么爱迪生可以猜得如此准确？"约翰逊压低声音，神秘兮兮地对我说："老兄，我悄悄告诉你，你千万不能泄露出去。要知道，爱迪生在芝加哥的屠宰场工作过很长的一段时间，每天经他手称重的肥猪多达几千头。"

一位名为昌西·M.迪普的朋友，曾经给我讲了一个英国人的故事。当迪普向那个英国人讲自己过去的趣事时，那个人满脸困惑，直到一年后才反应过来，终于爆笑出声。必须承认，比起那个英国人，我更加缺乏对幽默的认识。我花了更长的时间才明白约翰逊先生那句玩笑话。

如今我保持着健康的身心，完全是因为过着健康且规律的生活。但或许你无法想象，我曾经历过三次重大的疾病，当时连医生都束手无策，觉得我必死无疑。在生病之外，我无知无畏的性格使我遭遇了各种各样的灾难，幸而每次都能最后捡回一条命。我曾多次险些被淹死，也曾差点被活活烫死或烧死，有一次差点被活埋，还有走失和险些被冻死的经历。在此之外，我还曾被疯狗、受惊的牛群、龇着獠牙的野猪追赶，命悬一线。能在经历了这样多的病痛和劫难后，还平安无事、健健康康地活着，不得不说是个奇迹。细细地回忆那些经历，我相信自己能这么多次死里逃生并非偶然，一定存在着某种特殊的力量。

从根本上说，发明家要做的，就是拯救生命。发明家对能源的利用，对装置的改进，以及为人类提供舒服而方便的生活方式，本质都是提升人类生活的安全性。所以，和普通人相比，发明家更应该善于思考和谋划，更应该具备敏锐的观察能力，也更应该具备在困境中自我保护的能力。虽然我没有直接的证据可以证明自己满足以上条件，但我的经历可以作为佐证。读者也可以从我所讲述的这些故事中加以判定。

我 14 岁时，有一次和朋友们去游泳。当时我突发奇想，准备恶作剧一下，好吓他们一跳。我的想法是先潜到一个漂浮物下面，接着趁他们不注意的时候游到对岸。我对自己鸭子般的游泳技能极为自信，对于成功实施这一计划并吓到他们也十分自信。于是，我趁所有人不注意的时候，猛地吸了一口气，转了个方向，朝一个巨大的漂浮物快速游去。我原本认定那个漂浮物足够安全，甚至能让我在那里休息一会儿，不承想，我从水中浮出的时候竟然撞上了一根横梁。我不得不再次下潜，继续前行。可当我再次准备浮出水面时，又一头撞上了横梁。我几乎感到了绝望，但还是拼命地尝试。我用尽最后的力气尝试了第三次，结果依旧没变。

由于缺氧，我开始头晕目眩，身体也逐渐下沉。我感到自己快要崩溃了，可就在那一瞬间，一道亮光在我的头脑中闪过，随后，这个漂浮物的结构图就浮现在我的眼前。虽然我现在无法确定这幅图像究竟是我的猜测还是真实所见，但我从中发现，在水面和横梁间的木板之间存在空隙。

从根本上说,发明家要做的,就是拯救生命。

我几乎要晕厥过去,但还是挣扎着浮出了水面,露出了头,靠着木板呼吸了一口空气。可灾难接踵而至,我同时吸进了一口水,险些呛住。我就如同在梦中溺水一般,拼尽全力才能呼吸到一口空气。过了好一阵子,我才调整好了呼吸,狂跳的心也逐渐恢复平静。然后我开始尝试从这里游出去,可试了几次都失败了。最可怕的是,我完全不知道自己身处的位置了。但幸好,我最终还是从这里逃了出去。我离开了漂浮物,发现朋友们正在到处寻找我的尸体。当时他们已经绝望透顶,认为我一定是已经淹死了。

这次莽撞的经历几乎成了我一生的噩梦,每每想起来,就令我后怕不已。但即便如此,我还是很快就忘记了这个教训,这使我在两年后遭遇了更严重的危机。当时我还是个学生,读书的那座城市附近有一条河,河上有大坝,旁边有一家大型的面粉厂。通常,大坝下的水深只有两三英寸[1],所以在那里游泳是基本没有危险的。当时我很喜欢去那里,将游泳当成日常锻炼。

一天,我依旧独自去游泳。快要游到堤坝时,我猛地发觉河水开始上涨。我惊讶地快速往回游,可已经迟了,急速的水流带着我向远处冲去。幸运的是,就在这个瞬间,我一把抓住了坝壁,用尽了全身的力气,才使自己不被冲走。我努力将头探出水面,却被水流压得难以呼吸。这时,岸边一个人也没有,我的呼叫声都被隆隆的水流声掩盖了。时间不断流逝,我身体里仅存的力气眼看就要用尽了,疲软的双手几乎抓不住坝壁。

---

[1] 英制长度单位,1 英寸 =1/12 英尺 =2.54 厘米。此处疑为特斯拉笔误。

创新：特斯拉传

就在我快要支撑不住的时候，我的脑海中又出现了一道闪光，接着，一张熟悉无比的水压原理示意图显现在眼前。我瞬间想起，水流的压力和受力面积成正比，于是，我缓缓地向左转动身体。这一举动顿时减小了水流的压力，我发现，这个姿势确实更轻松。

但这并没有使我脱离危险，如果不想办法上岸，我迟早会被水流冲走。当时就算有人发现了我，也很难帮上忙。我虽然两只手都很灵巧，但当时右手的力气已经耗尽，仅仅靠着左手抓着坝壁。我没法换手，也无法休息，只能缓慢朝着堤坝的方向移动。越是靠近堤坝，水流就越是湍急，水也越深。快到堤坝的尽头时，我几乎坚持不住了。

这个过程漫长而艰难，我拼尽最后的力气，终于移动到了岸边，刚一上岸，我便昏厥了过去。后来，有人在岸边发现了我，我终于获救。受到水流的冲击，我左侧身体的皮肤几乎全部开裂了。身体的虚弱使我高烧不止，几周后才逐渐好转。但幸运的是，我又一次神奇地死里逃生。

这两次与死亡擦肩而过的经历，不过是我众多经历的冰山一角。我只是想用这两件事来说明，如果没有发明家的本能，或许就没有此时给你们讲这些故事的我了。

经常有人好奇我是在什么时候，因为什么契机开始的发明创造。我记忆里的第一次发明是一场雄心勃勃的"处女秀"，包含一个装置和一种方法。我当时的目的在于装置的研发，却误打误撞地自创了一种方法。事情的开端，是我的一个小伙伴得到了一套包括钓钩的钓鱼用具。这无疑是村中的大事，顿时引起了轰动。第二天早上，伙伴们都要和他一起去钓青蛙。这其中唯独没有我,因为我之前和他吵了一架。

不能和伙伴们一同钓青蛙,让我沮丧至极。我没有见过真正的钓钩长什么样,只能在头脑中想象,甚至想象得细致到钓钩的材质和形状。最后,我决定自己做一个。于是我找了段软铁丝,用两块石头将铁丝的一头砸尖,然后将其弯成一个钩子的形状,最后绑到一根结实的绳子上。之后我砍下一根竹竿,固定好绳子,找了一些诱饵,前往青蛙经常出没的小溪边。

时间过了很久,我却一只青蛙都没有钓到,这让我有些想要放弃了。可突然间,我看到了一只蹲在树桩上的青蛙,于是我尝试着在它面前晃动那只空钓钩。起初,它好像没有什么精神,病了似的一动不动。但不久之后,它的双眼突然鼓胀起来,布满血丝,身体也膨胀到之前的两倍大,随即猛然朝钓钩扑去,一口咬住不放,我赶忙将其拉了起来。之后,我反复尝试这个方法,一次也没有失败过。那些小伙伴虽然带着精致的钓具出门,但是什么也没有钓到。他们看着我用自制的工具而收获满满时,嫉妒之情溢于言表。我一直把制作钓钩和钓青蛙的方法当作自己的秘密,直到圣诞节来临,才传授给他们。后来,男生们全都学会了这个方法,第二年夏天,我就几乎没听到过青蛙的叫声。

我后来的一次发明是源于原始本能的推动。这种利用大自然的力量为人类寻求福祉的原始本能,成了日后我进行发明创造最重要的推动力。我以五月虫为研究对象,进行了一项尝试。这是一种害虫,美国人称其为"六月臭虫"。它们喜欢集体活动,数量大到能

创新：特斯拉传

将树枝压断。每当它们经过，灌木丛都会变得黑压压一片。

我想进行的尝试，是发明一种轻巧的装置。我用几块破木片做成了一个风车，在上面装上了轴和滑轮，再绑上四只五月虫。这些五月虫会努力爬行，以此带动这台"虫力发动机"。后来，我将它们放到了更大的装置上，就此得到了更大的能量。这些甲虫一旦开始爬行，就无比卖力，似乎压根不想停下，可以使"发动机"转动数小时。然而，当这项尝试眼看就要获得成功之时，出现了一个男孩，他是奥地利退役军官的儿子。当他闻到甲虫的味道后，竟然将它们抓了起来，直接送入口中，还一副很满足的样子。我被他的行为恶心到了极点，再也没有继续尝试的兴致了。从此以后，我也不想再接触五月虫以及其他任何的昆虫了。

之后，我将祖父的钟表当作了实验品。这只钟被我拆了又装，装了又拆。每次拆的时候，都相当地顺利，但重装的时候，就会变得困难重重。有一天，祖父终于无法忍受我的行为了，严令我不许动他的钟。我再一次摆弄这只钟表，已经是30年后了。

那之后不久，我又用一根中空的管子、一个活塞以及两个插栓做出了玩具气枪。玩具气枪是利用空气压缩后所产生的动力来发射弹头的，我的这把枪也采用了这个原理。在射击时，活塞冲击枪的腹部，带插栓的管子就会向后移动，使两个插栓间的空气因挤压而升温，从而产生动力，将其中一个插栓发射出去。这种玩具枪是否好用，取决于枪管的选择。我在家里的菜园找到的管子非常适合制作枪管，因此这把玩具枪做得相当成功。鉴于射击活动对家里的玻璃窗有着严重的威胁，家人再次扼杀了我的这项发明。

记得那时，我还对制作木头宝剑充满了兴致，毕竟木头可以轻易地从家具上取得。那段时间，我深受塞尔维亚爱国诗歌的影响，对主人公高超的武艺充满了敬仰之情。我将田地中的玉米苗视为敌人，可以连续数小时对着它们挥舞宝剑。就这样，我毁了不少庄稼，也换来了妈妈的耳光。需要说明的是，我的这些"武器"并非只是装装样子，而是货真价实的东西。

这些都是我6岁前发生的事，而类似的事情还有很多，多得无法枚举。当时我们居住在一个叫作斯米连的小村子里，我在那里读了一年小学。后来我们搬到了一个叫戈斯皮奇的镇子。对我来说，这次搬家无疑是我不幸生活的开端。

斯米连是个美丽的小村子，我家在那里圈养了成群的动物。有鸽子、鸡、绵羊，以及数量庞大的鹅。每天清晨，鹅群都会迎着朝阳出门觅食，直到傍晚才会排着整整齐齐的队伍回来。一路上它们昂首挺胸，气势非凡，就连现在最优秀的空军部队见了，也会自叹不如。

可搬到镇子上后，我就像犯人一般被关在屋里，很少出去。我唯一的乐趣，便是透过窗帘观察街道上来往的陌生人。我内向的性格使我不愿和这些陌生人交往，与其和那些城里人打交道，还不如和一只咆哮的狮子待在一起。最令我烦闷的是，每到星期天，我就必须衣冠楚楚地到教堂参加礼拜。在那里发生的一次事故，令我多年后依旧感到害怕。事实上，那是我在教堂发生的第二次意外。第一次是我在一个古老的教堂里迷路了，整整一个晚上，我都没找到教堂的出口。那座教堂位于险峻的高山之上，每年只对外开放一

创新：特斯拉传

次。如今想起，我依旧感到胆寒，但我接下来要讲的第二次意外更加可怕。

镇上有一位有钱太太，心地善良，但非常爱讲排场。每当她到教堂去时，都穿着拖地长裙，打扮得花枝招展，身后跟着一大群仆人。某一个星期天，我在听到敲响的钟声后，急急忙忙地跑下楼，结果那位有钱太太正好穿着盛装来到门口，我碰巧一脚踩在了她的拖地长裙上。然后刺啦一声，就像是成排的新兵同时扣动机枪，那条长裙的裙摆当场撕裂了。我的父亲脸色阴沉地给了我一耳光，虽然打得不算重，但这是他唯一一次体罚我。直到现在，每每想起这件事，我依旧觉得脸上火辣辣地疼。当时我满脸尴尬，手足无措。事实上，那之后的很长一段时间里，人们都对我不理不睬。直到另一件事的发生，人们才重新认识了我，我也重获尊严。

镇上有位年轻的商人很有远见，组建了一支消防队。他购买了一台新的消防设备，让消防队员穿着崭新的消防制服，每日严格地进行训练。

新设备是一台红黑相间的消防泵，需要十六个人操作。一天下午，消防泵被运送到了河边，正式进行测试，引得全镇子的人都来围观。先是有人进行演说，接着举行仪式，一切都结束后，商人就命令消防泵现场喷水。可出乎意料的是，消防泵居然喷不出一滴水来。现场有不少专家教授级人物，但他们都没能将故障排除，一个个焦头烂额，如热锅上的蚂蚁。当我到现场的时候，这场仪式无疑已经成为一场闹剧。那时的我，对这个机械装置的原理一窍不通，也不懂气压的原理。我下意识摸了摸吸水管，发现它脱落了。

我蹚进河里，设法将胶皮管插好，一完成，水立即喷射而出，故障得以排除。那些衣着光鲜的人被喷得满身湿漉漉的，却一个个兴高采烈。很久以前，赤身裸体的阿基米德奔跑在锡拉库萨的街头，大喊着："我想出来了！"即便是那样的景象，也比不上我这次引发的轰动。人们把我扛到肩上，兴奋地欢呼，我瞬间就从一个淘气鬼变成了那天的英雄。

在这个镇子里安顿下来后，我在所谓的师范学校学习了四年，为以后进专科学校或文理中学[1]学习做准备。但我就是个闲不住的人，所以不断地试验和探险，也不断地为这个镇子制造各种麻烦。需要特别提到的是，我曾获得"捕乌鸦冠军"的称号。我捕乌鸦的方法其实很简单，就是跑到林子里，躲进灌木丛学乌鸦叫。通常在几声回应后，就会有乌鸦落到附近的灌木丛里。于是，我扔出一块纸板，趁着乌鸦被纸板吸引的片刻，纵身而出，将其牢牢抓住。我用这个办法抓住了大量的乌鸦，最终赢得了那个威风凛凛的称号。但后来我对乌鸦的想法发生了改变，因为一件事，我对乌鸦产生了敬畏之心。

一次，我和小伙伴们一起抓到了一对羽毛闪闪发光的乌鸦。当我们兴高采烈地准备离开时，上千只乌鸦突然发出可怕的叫声，向我们围拢过来。没过几分钟，我们就被包围了。刚开始，我还觉得这件事很好玩，但突然，我的后脑勺被重重地啄了一下，身体不受控制地摔倒在地。接着，乌鸦们就对我们展开了猛烈的攻击。直到

---

[1] 德国中学的一种。

创新：特斯拉传

我无法忍受，将那两只乌鸦放走后，它们才罢休。我赶紧跑向旁边的山洞，和躲在里面的朋友们会合。

学校的教室里有一批机械模型，让我很感兴趣，于是我开始研究水轮机[1]的构造。浓厚的兴趣驱使我构想了不少的水轮机模型，这些模型在脑海中一一运转的过程令我开心不已。这一时期发生了一件小事，证实了我的人生是多么不平凡。

我的叔叔非常反对我对机械制造的喜好，经常为此批评我。当时，我读到了关于尼亚加拉大瀑布[2]的报道，便被它的雄伟打动了，对其充满了向往。我的头脑中顿时出现了一台被巨大的瀑布推动着的大型水轮机。这一画面深深地吸引着我。我将这样的想法告诉了叔叔，还说我一定会去美国实现这个画面。30年后，我终于看到年少时的设想在尼亚加拉得以实现，那种神奇的、不可思议的感觉，实在太美妙了！

此外，我还发明了很多设备，其中我最为得意的，莫过于一把弓弩。我制造的弓弩射出的箭速度极快，转眼间就消失无踪。而且箭的力道大得惊人，在近距离射击中，可以射穿一英寸厚的松木板。由于长时间地使用这把弓弩，我的腹部得到了锻炼，肚子上的皮肤就像鳄鱼皮一样紧实。我认为自己之所以拥有钢铁般的肠胃，就是因为长期坚持这项锻炼。

---

[1] 把水流的能量转换为旋转机械能的动力机械。现代水轮机大多安装在水电站内，用来驱动发电机发电。

[2] 坐落于北美洲伊利湖和安大略湖间的尼亚加拉河上。河中的戈特岛分瀑布为两段：左属加拿大，呈半环状，称"马蹄瀑布"；右属美国，称"亚美利加瀑布"。

我抛掷物体的超高精准度也不得不提。我相信，单凭这项绝技，我就可以令古希腊竞技场的所有观众赞叹不已。下面我将讲述我的一次壮举，想必会令读者感到难以置信。

我时刻想着对我的绝技进行训练。一天，我和叔叔在河边散步，落日的余晖照在水中不断跳起的鲑鱼的鳞片之上，反射出夺目的光彩，在礁石的衬托下，将鲑鱼的身形勾勒得异常清晰。在如此有利的条件下，任何一个孩子都能轻易地击中鲑鱼。但我要做的远不止于此，我选择了一项常人难以做到的挑战。

我将自己的打算事无巨细地告诉了叔叔。我说，我会扔出一块石头，击中鱼，让鱼撞到礁石上，摔成两半。话音刚落，我将手中的石头扔了出去，然后发生的一切和我的宣言完全一样。叔叔目瞪口呆地看着我，满脸惊恐。他冲着我大声地吼道："魔鬼，滚开！从我身边滚开！"之后的好几天，叔叔都没有和我说过一句话。对我来说，如此的辉煌多不胜数，只不过大部分都随着岁月的流逝而被我遗忘了。但仅仅上面的这些事迹，也足够我炫耀一千年的了。

第三章　全心钻研 —— 旋转磁场的发现
Tesla's Memoirs

10 岁那年,我进入了文理中学。这是一所全新的学校,有着非常完善齐全的设备。尤其是物理部,配备了各种各样的经典教学设备,有电子设备,也有机械装置。我对于老师不时进行的各种实验沉醉不已,正是它们激发了我旺盛的发明欲望。

那时我对数学有着浓厚的兴趣,更因为出众的速算能力而经常被老师表扬。这是因为数字和运算会直接浮现在我的眼前。这样的能力使得运算对我来说不是直觉的感知,而是生活的一部分。就算是非常复杂的运算,在黑板上列出具体算式和看着眼前浮现的算式进行心算,对我来说也毫无差别。

但我极其厌烦徒手绘图的课程,实在无法专注地进行连续几个小时的绘画。这种反感非常奇特,毕竟我的家族中,绝大多数成员都很擅长徒手绘图。或许我对这项课程的反感,源于更加喜欢不受干扰的思考。当时要不是班里有几个男孩子笨到什么都不会做，我的徒手绘图成绩可能就是全班的最后一名了。当时，绘画课是教育体系中的必修课程，如果无法合格，甚至会严重影响前途。为了让我顺利地通过徒手绘图课程，父亲费尽了心思。

进入这所中学的第二年，我对于如何通过稳定的空气压力实现持续运动产生了浓厚的兴趣。年少时那次成功排除消防泵故障的经历点燃了我年轻的想象力。我从那件事中更加清晰地认识到，真空这种状态确实具有广阔无边的可能性。我急迫地想要掌握这种可以源源不断提供动力的力量，甚至到了痴迷的程度。但事实上，很长一段时间，我都处于迷茫摸索的状态。最终，我长期不懈的钻研转化为一项发明创造，使我取得了无可匹敌的成就。

想象这样一个装置：一个圆柱体的上下两端各有一个轴承，它可以在轴承的带动下自由旋转。将圆柱体置入大小贴合的矩形凹槽，并用隔板将凹槽的开口部分封住。这样一来，圆柱体把凹槽分割成两个部分，成为一个气密式滑动接头。如果将这两个部分中的一个完全封闭并抽成真空，再将另一个打开，圆柱体就会开始不停地旋转——至少在我的头脑中是这样的。

之后，我便按照这一设计思路制作模型。我将做好的木头模型仔细地组装起来，圆柱体果然发生了轻微的转动。这让我欣喜若狂。

我的另一个梦想是借助机械装置实现飞行，虽然我为此而经历了太多令人沮丧的事件——比如撑着雨伞从房顶跃下，想要借助这个力量飞起来，结果却狠狠地砸在了地上。年少的我几乎每天都梦

创新：特斯拉传

想着自己能拥有飞行的能力，可以穿过云层去到远方，但我始终没有想到具体的办法。后来，我有了具体的想法：造一架飞行器。它的构造很简单，只需要一根转轴、一双能够扇动的机翼和能源源不断提供动力的真空。如果我能将其实现，我就能每天开着这架豪华舒适的飞行器在天空中翱翔，就像所罗门国王一样。可直到很多年后我才发现，大气的压力是垂直作用于圆柱体表面的，那些轻微的转动不过是漏气的结果！这个发现令我沮丧到了极点。

即将从文理中学毕业的时候，我突然病倒了。当时我得了一种很危险的疾病，确切地说，是十几种疾病。我的状况糟糕到连医生都对我不抱任何希望。但即便病重如此，我也没有放弃学习，还坚持从当地的公共图书馆借书。这家图书馆里有很多人们不太关注的书，那里的工作人员委托我为这些书分类并编写图书目录。

一天，他们交给我几本文学类的书，和我以前读过的那些书完全不同。我立即被书的内容吸引，沉醉其中，连自己的病症也忘得一干二净。这几本书是马克·吐温的早期作品，也许正是它们带来的快乐，令我的身体神奇地痊愈了。25年后，我在美国遇到马克·吐温并和他成了朋友。我向他讲述了我中学时的这段经历。那时，我竟在这位伟大的幽默大师眼中看到了涌出的泪花。

毕业之后，我去克罗地亚继续求学，在卡尔洛瓦茨文理高中上学。我寄宿在一位阿姨家中。她的丈夫是陆军上校，经历了多次战役，是名久经沙场的老将。在阿姨家生活的三年时间，令我永远无法忘记。

我竟在这位伟大的幽默大师眼中看到了涌出的泪花。

创新：特斯拉传

阿姨的家中有着森严的规矩，就算是战时的军营之中，也不曾如此。我成了这个家中的金丝雀，被精心地喂养起来。每一餐的菜肴都精美可口，但分量都少得可怜，所有的食物加起来，仅仅是我日常饭量的10%。阿姨甚至将火腿切得如纸片一般薄。每次上校想多给我加些食物时，阿姨就会立即阻拦，还夸张地说："小心点，尼科的身子很弱。"事实上，我的饭量非常大，因此在她家期间，我一直过着忍饥挨饿的生活。不过，阿姨的家中始终保持着优雅从容的艺术氛围，这在当时的社会中极为罕见。

阿姨的家地势低矮，周围遍布沼泽。我虽然大量服用奎宁[1]，却依旧没能摆脱疟疾和发热。有时河水上涨，老鼠就会涌入民宅，啃食它们见到的一切，就连最辣的红椒也不会放过。但这些令别人寝食难安的老鼠，却成了我消遣的对象。我开始发明各式各样的灭鼠工具，由此消灭了大量的老鼠，被当地人冠上了"捕鼠者"这样一个丝毫不值得炫耀的头衔。终于，我完成了高中学业，这意味着我的痛苦生活就要结束了，也意味着我走到了人生方向的抉择路口。

那些年里，我的父母从未动摇过让我成为一名牧师、子承父业的决心。一想到这件事，我就感到恐惧。当时我在学校的物理教授的指引下，对电学产生了浓厚的兴趣。那是一位拥有强大创造力的物理教授，经常自己动手制作各种演示装置，便于大家认识、理解某些物理学的原理。他制作过一个能够自由旋转的球体装置，外面

---

[1] 抗疟药，俗称"金鸡纳霜"。

第一部分 // 特斯拉回忆录

包裹着一层锡纸,给我留下了很深的印象。如果与静电感应器相连,这个装置就会飞速旋转。他的那些实验所展现出的神秘现象,给我带来了巨大的冲击,令我激动不已。我一遍遍地在头脑中播放那些实验,渴望着能更深入地了解电的神奇之处,渴望着进行实验研究。但这与父母的期望背道而驰,我只能沮丧地面对现实。

23 岁的特斯拉

毕业后,我准备回到遥远的家乡,父亲却让我先花一年时间去远足。这令我很是困惑,毕竟他历来对这项活动极为反对。几天后我才知道,那是由于当时家乡正在流行霍乱。可我依旧心存侥幸,没有听从父母善意的提醒,还是找机会回到了戈斯皮奇。事实上,那里是个霍乱频发的地区,通常每隔 15 到 20 年就会暴发一次霍乱。当地人对这种疾病无知到可怕的地步。在他们眼中,霍乱是通过空气传播的。于是,他们采取烟熏的方法,试图以此消灭病原体。空气中弥漫着刺鼻的气味和灰尘。他们依旧使用被污染的水源,依旧有一批又一批的人因此感染疾病,最终死亡。

创新：特斯拉传

回家的当天，我就染上了这一可怕的疾病。虽然最终免于丧命，但我在床上躺了整整9个月，几乎无法动弹。这场大病严重消耗了我的精力，这是我第二次面对死亡。其间，我多次生命垂危，一次危急之时，父亲冲进了我的房间。我看得出，他在努力压抑心中的焦虑之情，努力地让自己的语气显得欢快，对我进行安抚，但他的脸色苍白无比，声音也变了调。我用虚弱的声音对他说："我想学习工程技术，如果你能答应，或许我还有好起来的可能。""好，我答应你。等你好了，就送你去最好的工学院读书。"他郑重地说。他的语气让我明白，他一定会说到做到。于是，长久以来压在我心头的那块沉重石头，终于落地了。

要感谢一种神奇的豆子，它煎出的药拯救了我的性命，使父亲的承诺派上了用场。很快我就康复了，如同拉撒路[1]一般重新焕发了生机，让人们惊叹不已。我痊愈后，父亲没有立即兑现承诺，而是要求我在野外锻炼一年，通过野营、爬山等运动增强体质。于是，我带着一捆书和一些必要的户外装备，开始了山间生活。与大自然的接触不仅强健了我的身体，还锻炼了我的想象力。

在此期间，我进行了大量的思考和筹划，还产生了许多不切实际的想法。虽然我有着清晰的设想，但对相应的知识原理缺乏掌握。我曾经有一个在海底铺设管道的设想，将邮件及包裹等物品放在一个强度足以抵抗水压的球形容器中，通过管道送到海的另一边。容器是由一个水泵站推动的。对于这个水泵站，我不仅做

---

[1]《圣经·约翰福音》中的人物。他身患重病，未能等到耶稣的救治就死了，但耶稣断定他将复活。四天后，拉撒路果然复活，证明了耶稣的神迹。

了精确的计算和设计，还将各处的细节进行了完善。但是，有一个小细节是我没有注意到的。我在设计中，随意假设了海底的水流速度，且偏向于将其设定得较高，这样一来，其他环节的数据变得毫无纰漏，整个设备堪称完美。但后来，我发现无论怎么设计，都无法解决管道对抗水流阻力的难题。我不得不将这项计划搁置，留给他人去思考。

我还有一个设想，便是绕着赤道修建一个悬浮在空中的圆环。圆环转动过程中，可以通过反作用力进行制动。人们一旦登上这个环圈，就能以每小时一千英里的速度绕地球运动，这是火车无法企及的。这样的想法，或许听起来很可笑，我也承认其操作难度相当大。但和纽约的一位著名教授相比，我的想法现实多了。他居然想把热带的空气抽向温带，完全没有意识到上帝已经准备好了一台庞大的空气流通机器。

另外，我还有一个更具意义也更具吸引力的想法，便是通过地球的自转获得能量。我发现，受地球自转带来的昼夜更替现象影响，地球表面物体的运动方向有时与水平方向相同，有时与水平方向相反。运动方向的变化带来了巨大的能量变动。这些能量能够以最简单的方法加以利用，并为地球上任何可居住的地方供给动力。但后来我发现，自己陷入了与阿基米德相同的困境——他想在宇宙中找到一个固定的支点来撬动地球。面对这个无解的难题，我沮丧到了极点。

一年的休息期结束后，我前往位于奥地利施蒂利亚省格拉茨技术大学读书。这是一所拥有悠久历史且非常出名的大学，是父亲为

创新：特斯拉传

我精心挑选的学校。我一直梦想的时刻终于来临了，我获得了充裕的经费支持，可以安心地在此读书。我下定决心，一定要取得好成绩。得益于父亲的教育和自己的各种历练，我的基础比其他同学来得扎实。我不仅掌握了几门外语，还阅读过几座图书馆的书籍，从中多多少少得到了有用的知识。在这里，我终于可以按照自己的想法来选择学习的科目了，不会再为徒手绘图课而苦恼。

我在心里定下目标：要取得优异的成绩，给父母一个惊喜。第一个学年的每一天，我都在奋力苦读，凌晨三点就开始学习，晚上十一点才休息，周末和节假日依然如此。当时同学们都学得不太认真，我轻轻松松地就将他们甩在了身后。那一年的九门考试，我不仅全都通过，还被教授们一致认为，我的成绩已超过学校评判的最高标准。短暂的假期中，我带着这份充满褒奖的成绩单回到家中，期待着英雄凯旋般的待遇。但父亲对我努力取得的荣誉毫不在意，我顿时感到心灰意冷，差点放弃了自己的理想。直到父亲去世后，我才从一个包裹中发现当年教授给父亲写的一封信。信中，他们劝告父亲带我从大学退学，因为我那种没日没夜的学习行为会导致疲劳过度，甚至危及生命。这封信让我终于知道了父亲当时的心情，也令我痛苦不已。

那之后，我开始致力于物理学、机械学和数学的研究，空闲时间则在图书馆学习。不管做什么，我总是要求自己，一定要有始有终。可这样的习惯经常使我陷入困境。有段时间，我在阅读伏尔泰的著作，之后我才发现，他的著作全都是用小号字体印刷的，并且多达上百卷。他简直是个怪人，为了完成这些著作，他每天要喝

72杯黑咖啡。但我并没就此气馁，还是坚持读完了这些著作。将最后一本看完时，我长长地松了一口气，想："我再也不用看他的书了！"

第一学年的出色成绩，使我收获了几位教授的赞赏，也和他们成了朋友。其中有教算术和几何的罗格纳教授，有教理论与实验物理的珀施尔教授，还有教积分且深入研究过微分方程的阿勒博士。所有的讲师中，最有才的莫过于阿勒博士。他十分关注我的学业情况，经常会在教室里和我多待一两个小时。他会拿很多难题给我解，我也兴高采烈地做题，从中获益良多。我向他讲述了自己的飞行器构想，那并非天马行空，而是以科学原理为依据的，是一个合理的设想。如今，有了我发明的"涡轮机"，这个构想已经成为现实，不久就会问世。

罗格纳教授和珀施尔教授都是那种有些古怪的人。罗格纳教授有一种非常独特的表达方式，每当说到关键点时，他就会变得激情澎湃，之后却是一阵漫长而尴尬的沉默。珀施尔教授是个德国人，做事很有条理，非常理性且务实。他硕大的手脚如熊掌一般粗壮，却能精准细致地进行每一项实验，不会有一丁点的差错，令人惊叹不已。

第二个学年，一台来自巴黎的格雷姆电动机被运送到了学校。这台机器由马蹄铁形状的叠片式磁铁和配有换向器的绕线电枢组成。机器连接后，能呈现不同的电流现象。但当珀施尔教授用这台机器进行演示时，电刷突然故障了，火花四溅。我觉得可以尝试将电刷拆掉，这样的改动应该依旧能使电动机运转起来。可珀施尔教

创新：特斯拉传

授当场否决了这个建议，认为这不可能实现，不过还是让我在课堂上分享了自己的想法。最后，他进行了总结："或许特斯拉先生会在将来获得相当大的成功，但就他刚才所发表的言论而言，他的设想是永不可能实现的。这样的设想，等同于将一种恒定的牵引力，比如重力，转化为一种旋转作用力。这种设想就像永动机一样，是不可能实现的。"

但世间就是有这样的奇迹，直觉有时是可以超越知识的。或许在我们的头脑中，有一些更为精细的神经纤维。当逻辑推理和其他思维方式都无能为力时，它们能够引领我们发现真理。我一度被教授的权威吓住了，也对自己的设想产生了怀疑，但直觉令我坚信自己的正确性，并以年轻人饱满的热情和坚定的信心，投身于对这个设想的具体研究。

我首先在头脑中构建一个直流电动机，"观察"在它的运转过程中，电枢中究竟发生了怎样的电流变化。接着，我又开始在头脑中构建一个交流电动机，用相同的方法来"观察"。最后，我在大脑中构思了一套由电动机和发电机组成的装置，并以不同的方式运转这套装置。我大脑中的这些设计极为真实，与实物别无二致。之后，我将在格拉茨市的所有时间，都投入这项研究之中，却成果寥寥。这使我一度想要放弃，认为这个问题是无法解决的。

1880年，我前往波希米亚[1]的布拉格，准备完成父亲的愿望，在那里读完大学。我的研究在布拉格取得了巨大的进展。当时，我

---

[1] 即波希米亚王国，亦称捷克王国，历史上位于中欧的一个国家。其范围大致相当于今南、北摩拉维亚州以外的捷克。首都为布拉格。

尝试将发电机上的换向器拆除，从这个新的角度观察电流的现象，但依旧没有取得什么结果。

第二年，我突然意识到，父母为我付出了很多。我对生活的态度由此发生了巨大转变，认为是时候为父母减轻负担了。当时，由美国而来的电话浪潮刚刚抵达欧洲，匈牙利的布达佩斯将设立电话局。我意识到，这是我难得的发展机遇，更巧的是，我们家的一位友人是这个项目的负责人，我就拜托他帮我在那里谋了份差事。

那段时间，我正遭受一种奇怪的精神病症的影响，精神几近崩溃，那便是前面提到过的精神幻象。这段时间的经历完全颠覆了我的认知。我的视觉、听觉向来敏锐，能够清晰地看到很远的地方的事物。童年的我还多次在睡梦中被火苗燃烧的"噼啪"声惊醒，而房子着火的邻居依旧在熟睡。我大声地呼喊，引来其他人，才让他们得救了。1899年，我已年过四十，正在科罗拉多进行与闪电相关的研究。当时的我能清楚地听见550英里外的雷声，而我年轻的助手只能听到150英里内的雷声。但和我精神高度紧张时的听觉相比，这简直不值一提。

在布达佩斯期间，即便隔着三个房间，我也能清晰地听到钟表的嘀嗒声；如果有只苍蝇停落在桌面上，我的耳朵里就会响起闷雷般的声音；几英里外驶过一辆马车，我会全身震颤不止；二三十英里外的火车鸣笛，我会感觉自己坐着的椅子在猛烈地摇晃。这样的痛苦令我难以忍受。我脚下的地面似乎在一刻不停地抖动着，为了使自己能够正常入睡，我不得不为床脚垫上橡胶垫。那些或远或近

创新：特斯拉传

的声音叠加在一起，如同一直有人在我耳边说话。我如果无法将那些声音逐一分辨出来，就会感到恐怖无比。当太阳的光芒被遮挡时，我就会感觉大脑里有一股强大的力量，几乎使我昏厥过去。如果必须从桥或者其他建筑下经过，我就必须拿出全部的意志力，对抗那种要将头颅挤碎的痛苦。在黑暗中，我如同蝙蝠般敏锐，凭借额头上的奇怪感觉，我能感知到 12 英尺外的事物。我的脉搏也非常奇怪，时缓时急，慢的时候每分钟只会跳动几下，快的时候则可以达到每分钟 260 次。有时，我的身体会莫名其妙地抽搐，这令我苦不堪言。当时为我看病的是一位颇有名望的医生。他对我的病束手无策，认为这是一种从未见过的绝症，只能靠每天大量服用溴化钾加以缓解。

没有让当时的生理学家和心理学家观察和研究我的病症，是我一生的遗憾。我对痊愈没有抱任何希望，但从未放弃活下去的念头。谁能相信，这样一具患有绝症的残躯竟还能变得身强力壮，并以坚忍不拔的毅力，在未来的 38 年中连续不断地工作，几乎没有休息。最匪夷所思的是，如今我依旧身体强壮，思维灵敏。在我要活下去的强烈欲望和对工作绝不放弃的执念中，在一位运动员朋友的帮助下，我的身上出现了奇迹。我的身体得以恢复健康，思维也变得无比灵活。

当我再次回忆起这段经历时，甚至为这场"战争"过早结束感到遗憾，在这场与病魔的对抗中，我还有那么多的能量无处释放。

在充满痛苦的那几年，我始终没有放弃对直流电动机问题的思考。不过我对于这个问题的态度和普通人不一样，普通人想的是如何获得成功，但对我来说，这是个圣洁的誓言，是关乎生死的大事。我清楚，我一旦失败，面对的便是灭亡。但在我的意识里，我已经感觉到自己必定会胜利。当时，我已经想出了解决问题的办法，只是不知如何用言语来精确地描述。直到现在，我依旧清晰地记得当时的状况。

那是一个下午，我和朋友在城市公园里散步，我们一边走，一边背诵诗歌。当时的我可以毫无差错地背诵整本书的内容。我最为熟悉的，莫过于歌德的《浮士德》。看着天边西沉的太阳，我想起了作品中关于落日的那段壮美篇章："西沉的落日，白昼的终结，转瞬间开启的，是生命新的篇章。啊，可惜。我没有那可以飞翔的翅膀，可以通过不停地翱翔而追随太阳！这不过是一场无法实现的美梦！太阳远去了。唉！肉体的翅膀，怎能和精神的翅膀媲美。"在我背出这段令人深思的诗句之时，脑海中猛然划过一道闪电，我突然找到了问题的解法。我当即拿起一根树枝，开始在地上画图。6年后，我带着当时在地上画的图，在美国电气工程师协会进行了展示。

创新：特斯拉传

特斯拉参加无线电工程师学会会议

　　这些在我头脑中出现的图像，就像是实际用金属和石块制作出来的一样，真实、具体、生动、形象。我一边画，一边对朋友说："你来看，这是一台电动机，我要做的就是让它反着转。"那位朋友听懂了我的介绍，看懂了我的图。我陷入无与伦比的狂喜，激动得无以复加。就算是看到自己的雕像拥有了生命的皮格马利翁[1]，他当时的激动之情恐怕也没有我强烈。即使有人提出用发现上千个自然秘密的机会进行交换，我也不屑一顾。为了这个发现，我付出了常人无法理解的艰难苦痛，经历了太多的磨难，甚至直面过死亡。

---

[1] 希腊神话中的塞浦路斯国王，善雕刻。他用象牙精心雕刻了一座美丽的少女像，并深深地爱上了这座雕像，为她起名加拉泰亚。他向神祈求，让她成为自己的妻子。爱神阿芙洛狄忒被他打动，赐予雕像生命，让他们结为夫妻。

当一个人天生的爱好转变为强烈的渴求时,他就好像穿上了七里靴一样,向着目的地飞速前行。

第四章　特斯拉线圈与变压器的发明
Tesla's Memoirs

　　自从画出了那幅图，我便开始不断地在大脑中想象各种机器设备，并对其进行新的改进。我完全沉浸其中，享受着发明的过程。我以前也经历过这种精神上的快乐。我的头脑中有着无穷无尽的灵感，它们就如泉水一样不断地涌现。我需要做的，不过是想办法迅速将它们牢牢抓住。

　　对我来说，头脑中想象的那些机器设备就如同真实的存在，所有的细节一览无余，就连最细微的磨损痕迹也清晰可见。只要头脑中的发动机开始不断地旋转，我就如看到了一道美丽的风景般高兴。当一个人天生的爱好转变为强烈的渴求时，他就好像穿上了七里靴[1]一样，向着目的地飞速前行。事实上，在此后不到两个月的

---

　　[1] 欧洲民间传说和童话故事中的一种神奇鞋子，穿上后可以一步跨出七里格（长度的旧单位，在陆地上，一里格相当于 3 英里，约折合为 4.8 公里）。

时间里，我又设计了几种电动机，并对其进行了完善。如今，这几种机器都被冠以我的名字。但现实的生活迫使我暂停了这项极其耗费心神的活动，这或许也算幸运吧。

最初我到布达佩斯，是因为看到了一份关于电话业的报告。这份并不太成熟的报告使我相信，电话业拥有新的机会。或许是命运的安排，我来到匈牙利中央电报局，当上了一名制图员。至于这份工作的薪资，我想我有权保密。幸运的是，我很快引起了总监的关注，他将新设备的数据计算、设计和评估工作交给我。电话局正式投入运行后，我也就顺理成章地继续负责这一类工作。在这项工作中，我收获了宝贵的知识和实践经验，创造才能也得到了充分的发挥。我对中央车站的装置进行了诸多改进，还对电话的中继器（信号放大器）加以改良。但我并没有申请这项技术的专利，也并未公开宣布是我发明了这项技术。不过到现在为止，这项发明的功劳依旧记在我的头上。公司的创办人普斯卡斯先生对我高效的工作颇为赞赏。他将布达佩斯的公司卖掉后，为我介绍了一份巴黎的工作，我欣然接受。

巴黎是座充满浪漫气息的城市，给我留下了深刻的印象。一到这里，我就沉醉在异国的风情之中，连续几日在美丽的街道上流连忘返。这里的每一个地方都让人着迷。唯一糟糕的，便是工资往往一到手，就被我花了个精光。一次，普斯卡斯先生询问我对新环境的感受，我便说："最难熬的，就是每月的最后 29 天。"

在这里，我过着非常勤劳的生活，就像现在的"罗斯福式生活"一样。每天清早，我都会从居住地马塞尔林荫大道徒步到塞纳河畔的游泳馆，风雨无阻。游完 27 个来回后，再徒步一个小时前往位

创新：特斯拉传

于伊夫里的公司工厂。七点半，我如同伐木工人一般，准时在工厂里吃早饭，之后便等待午饭时间的来临。

我的工作是帮助公司的经理查尔斯·巴彻勒先生解决难题。他是爱迪生的助理兼好友。因为台球打得好，我在公司交到了几名新朋友，他们都是美国人。我们经常聚在一起，我便向他们介绍了自己的发明。其中有一位坎宁安先生，是机械部的负责人，他建议我干脆自己成立一家公司。但这样的建议对我来说太过可笑，我完全无法理解，或许那是美国人做事的方式吧。我没有理会他的建议，这件事自然就不了了之了。接下来的几个月，我奔走于法国和德国各地，解决发电厂出现的各种故障。

回到巴黎后，我向公司主管之一的劳先生提交了一份改进发电机的计划，并获得了批准。很快，我的改进计划大获成功，公司的董事们都为此而欣喜，便准许我研究我期待已久的自动稳压器。

不久后，阿尔萨斯地区[1]发生了一次事故。在斯特拉斯堡市[2]新建的火车站的剪彩仪式上，因配线短路，照明设备发生了爆炸，还炸毁了一大片墙。当时参加仪式的还有德国的老皇帝威廉一世，这使德国政府大为恼火。就此，德国政府拒绝使用这些照明设备，这无疑使法国公司面临巨大损失。由于我会说德语，加上有相关的工作经验，公司就委托我前去与德国政府进行磋商。1883年初，我被派往斯特拉斯堡市。

---

[1] 法国东北部地区及旧省名，隔莱茵河与德国相望，包括现在的上莱茵、下莱茵两省。1870至1871年普法战争后，同洛林一起割让给德国。第一次世界大战后重归法国。

[2] 法国东部城市，阿尔萨斯地区经济和文化中心。

我至今难以忘记在斯特拉斯堡市发生的事情。值得一提的是，当时在斯特拉斯堡市生活的不少人，后来都蜚声世界。我经常和人说："那座古老的城市里流行一种名为伟大的'细菌'，人们都受到了感染，只有我得以'幸免'！"

到了那里之后，我一直处于忙碌之中，解决设备的故障问题，与各方面联络，同政府的官员会面等。但凡能挤出些微时间，我就会带着从巴黎带来的材料，在火车站对面的机械商店组装简易电动机。但繁忙的工作使这项实验活动一再被我推迟，直到夏天才得以完成。这个电动机可以在没有滑动触点或换向器的情况下，由不同相位的交流电带动运转，就像我一年前设想的那样。这样的成功让我狂喜，但仍无法比拟我当初产生这一想法时的激动之情。

我还和斯特拉斯堡市的前任市长索辛先生成了朋友。我向他介绍了正在进行的实验和一些其他发明，获得了他的鼎力支持。他向几位有能力进行投资的富豪介绍了我的发明。这令我很是感动，但与此同时，也令我陷入羞愧与失望：没有任何人对我的发明感兴趣，愿意进行投资。虽然如此，索辛先生依旧想方设法帮助我。1919年7月1日的临近[1]让我回忆起他给予我的一次帮助。那次虽然不是金钱层面上的帮助，但我同样深为感激。

1870年，德国刚入侵斯特拉斯堡时，市长先生埋藏了一批1801年产的上好的圣埃斯塔菲酒。他说，除了我，恐怕没人配得

---

[1] 本章发表于1919年5月的《电气实验者》杂志。

创新：特斯拉传

上品尝如此佳酿。这件事，算得上我前面提到的难以忘记的事情之一。

朋友总是不断地催促我，希望我赶快回巴黎募集资金——这自然也是我所急切盼望的。但我被各类琐事绊住了手脚，工作和谈判都进行得不太顺利，返回巴黎看起来遥遥无期。

为了让读者感受一下德国人是多么一丝不苟，讲求"效率"，我在这里分享一件亲身经历的趣事。当时我们准备将一盏16烛光[1]（16瓦）的白炽灯安装到走廊上，选好合适的位置后，我让电工铺设电线。可才过一会儿，电工就停了下来，说要请示工程师。工程师来后，提了些反对意见，最终同意将电灯安装在距离我指定地点两英寸的地方，工作终于得以继续。又过了一会儿，那位工程师焦虑地说，应该向质检员埃夫戴克请示。我们只好将那位大人物请来实地勘察。他看过后，开始和众人进行讨论，最终决定将安装的位置回撤两英寸，正好是我最早指定的地方！别以为事情就这么结束了，不久后，埃夫戴克又担忧地对我说，不要着急施工，他将此事上报了他的上级——质检督察希罗尼穆斯，我们必须继续等待他的上级做出决定。

几天后，督察才有时间来这里视察。他到了后，和我们进行了两个小时的讨论，决定将安装位置再挪出两英寸。我松了口气，心想这件事总该到此为止了。但很快督察又回来和我说："冯克委员是个挑剔的人，我们还需要他的明确批准，否则我不能让你们

---

[1] 发光强度的旧单位。

擅自安装这盏电灯。"我们只得又准备迎接这位更有来头的大人物。那天，我们从清早就开始做卫生，将各种用具擦洗得干干净净，隆重迎接冯克委员及其随从。冯克委员来后，又是两个小时的讨论。突然，他大声说："我必须走了！"接着将手一指，说那里就是安装位置。而他手指的地方，正是我最早指定的地方，分毫不差！

那段时间，我的工作就是这么充满变数。但我早已下定决心，无论付出什么代价，都要完成自己的任务。终于，我的努力有了结果。

1884年春天，我将所有的难题一一解决，德国政府正式接收了电力设备。来德国之前，公司的一位负责人许诺，只要我成功地解决了问题，就能得到一笔奖金，公司还会视我对发电机的改进情况，额外给出相应的报酬。我回到巴黎，期待着拿到一大笔钱。公司的负责人一共有三位，为了叙述的方便，我就直接用A、B、C来代替。当我找到A，要求获得金钱奖励时，他说B说了算。于是我去找B，B又说C才能决定此事。C则明确表示，A掌握着这件事的决策权。就这样，他们互相推诿。几轮后，我终于明白了，当初许诺的报酬，不过是空头支票。

后来，我为筹集研发资金所做的一系列努力也以失败告终，这使我灰心丧气。巴彻勒先生建议我去美国找爱迪生，参与他的新机器设计。就此，我下定决心，准备去美国那个满地黄金的地方试一试。但我差点与这个机会失之交臂。当时我已经将为数不多的家当统统变卖，购买了一张去美国的火车票。可当我赶到火车站时，火车已经开动了。更糟糕的是，我身上的钱和车票都不翼而飞。我该

创新：特斯拉传

怎么办？大力士赫拉克勒斯可以从容地考虑[1]，我却只能一边沿着铁轨追赶火车，一边做出决定。我的大脑中乱作了一团，放弃的念头就像电容振荡一样，在我的脑海中涌动。

突然，我灵光一闪，想到了乘船。乘船所需的费用远远少于乘火车，只是相对来说没那么舒服。于是我带上仅剩的随身物品，一沓文稿（我写的几首小诗和几篇文章）和一摞稿纸（上面是我还未解完的积分式和飞行器的设计图）去乘船。航行期间，我大多数时候都坐在船尾，准备随时搭救落水的乘客，丝毫没有在意自己的安危。此后，我受到了美国务实思想的影响，回想起这段经历，我不由感到后怕，觉得当时的自己太过愚蠢。

与爱迪生会面，无疑是我人生中最值得纪念的事件。对于这个出色的男人，我满怀好奇和尊敬。一个没有什么先天优势，后天也没受到良好科学教育的人，竟然能取得如此伟大的成就。反观我自己，不仅懂得十几门语言，研读过大量的文学、艺术作品，还把最好的时光花在图书馆中广读群书，从牛顿定律到保罗·德·科克[2]的小说无不涉猎。那时我深感懊恼，认为自己在阅读上浪费了太多的时间。但不久后，我意识到并非如此。这段经历成了我最为宝贵的财富，使我拥有了丰富的知识储备。那时的一件事，让我在短短几周之中就获得了爱迪生的信任。

---

[1] 指希腊神话中，赫拉克勒斯选择人生道路的故事。
[2] 法国通俗小说家，作品格调低下。

与爱迪生会面，无疑是我人生中最值得纪念的事件。对于这个出色的男人，我满怀好奇和尊敬。

创新：特斯拉传

"S.S. 俄勒冈"号当属那时航速最快的客轮了，但它的两套照明设备都出现了故障，致使它迟迟无法起航。客轮的主体建筑是在照明设备安装好后才修建的，因此不可能将照明设备单独拆下来维修。故障已经严重到了令爱迪生异常苦恼的程度。傍晚，我带着工具登上了"S.S. 俄勒冈"号，开始进行修理。我发现发动机的故障极其严重，好几个地方发生了短路和漏电现象。在船员的帮助下，我忙碌了一个通宵，将所有的故障一一排除。

第二天早上五点，我沿着第五大道徒步返回爱迪生工作室，正好遇到爱迪生、巴彻勒等人准备回家。爱迪生看到我就说："看呀，我们的'巴黎人'这一晚不知到哪里晃荡去了。"我便告诉他，我昨晚一直待在"S.S. 俄勒冈"号上，把两套照明设备都修好了。他没再说什么，看了我一眼就离开了。走出一段距离后，我听到他说："巴彻勒，他可真不错啊。"

就这样，我的能力得到了爱迪生的认可，他允许我自由安排工作。接下来的将近一年时间里，每一天的上午十点半到第二天凌晨五点，我都在工作，全年无休。爱迪生赞扬道："在我那么多助手中，你无疑是最为勤奋的。"这段时间，我设计了 24 种不同型号的标准机器，使用的都是短芯，且与需要替代的旧机型规格一致。公司经理曾答应我，如果完成这一任务，就奖励我 5 万美元。可他的许诺同样是一张空头支票。这个事实令我深感震惊，为此痛苦不堪，最终选择辞职离开。

之后不久，就有人找到我，提议以我的名义成立一家弧光灯[1]公司。我当即同意了，认为我的交流电动机研究终于有了继续的可能。但当我向合作伙伴们提起这项发明时，他们却说："我们想要的只是弧光灯，对你所说的交流电动机毫无兴趣。"1886年，我完成了弧光灯系统的改进，新系统很快应用到工厂及市政的照明之上。我却被赶出了公司。我所得到的，仅仅是一张制作精美但没有任何实际价值的股票权证。

接下来的一段时间，我在自己不那么熟悉的领域奋力拼搏。终于，机会出现了。1887年4月，特斯拉电气公司正式成立，我也拥有了属于自己的工厂和实验室。我的梦想在那里得到了实现。我制造出的交流电动机完全符合最初的设计。我只是将当时脑海中的设想实际制造出来，完全不需要进行改进，其运转情况与我的

特斯拉与电灯泡

---

[1] 利用电极两端产生电离弧光发光的电光源的总称。发光效率高，且光色接近日光，常作为摄影照明等强光源使用。

创新：特斯拉传

预测别无二致。

1888年年初，我与西屋公司[1]达成协议，计划大规模生产我设计的电动机。但在实际的运作中，出现了很多仍需克服的困难。我的电动机系统是基于低频电流设计的，而当时西屋公司的专家为了确保变电优势，使用的是133周电流（即133赫兹电流）。这样的高频电流与我的电动机并不适配。但他们不想放弃原本的标准设备。我只能集中精力，对自己的电动机设计进行调整，来适应他们的需求。此外，还有一项艰难的任务需要我完成。我必须设计一种全新的机型，只使用两根电线，就能在这一频率下正常运转。

1889年年底，我不必再留在匹兹堡工作了。于是，我返回位于纽约格兰街的实验室，着手研发高频电动机。这是个完全没有人触及过的领域，我遇到了许多特殊的新问题，几度陷入难关。

对谐振作用来说，正弦波至关重要。我担心电感器无法生成足够理想的正弦波，最终放弃了这一方案。诸如此类的思考大大增加了我的工作量。高频交流电动机还有速度不稳定的问题，这会造成实际应用中极大的局限性。我在美国电气工程师协会演示这项发明时，便发生了几次调谐故障，仍需继续调整。过了很久，我才找到解决方法，将在极端负荷条件下工作的高频交流电动机的周期内速度波动成功控制到最小。

出于其他方面的考量，我准备设计一种更简单的电震荡装置。

---

[1] 即西屋电气公司，1886年1月8日由乔治·威斯汀豪斯在美国宾夕法尼亚州创立，总部设在宾夕法尼亚州匹兹堡市，是世界著名的电气设备制造商和核电技术服务提供商。

1856年,开尔文男爵就已经提出了电容放电原理。遗憾的是,如此重要的发现一直没有得到工业层面上的应用。我发现了它的潜在价值后,便以它为基础,进行感应装置的设计。很快,我的研究取得了突破。1891年的一次演讲中,我利用一只线圈,制造了5英寸的放电火花。我当时坦率地告诉现场的工程师们,用这种新方法传输电力有一个缺点——火花间隙会产生电力损耗。但后来的研究证明,空气、氢气、水银蒸气、油、电子流,几乎所有介质都存在电损。这是一种自然规律,就像机械能的转换一样。将一个物体转移到更低的地方,我们可以让它垂直下落,也可以沿更为曲折的路径进行搬运。目前看来,这一缺陷并不致命。只要合理调整谐振回路,就可以使输电效率达到85%。

自从我公开展示这项发明,它便得到了广泛的应用,给许多领域带来了革命性的进展。但该技术还有很大的潜力未被开发出来。1900年,我用自己发明的线圈制造出了100英尺的强放电,并观测到围绕球体装置产生的人工闪电。这让我想起了在格兰街实验室第一次制造出微小火花的时候,我那时的兴奋之情,不亚于发现旋转磁场时的感觉。

第五章　特斯拉的"世界系统"
Tesla's Memoirs

我从过往的人生经历中发现，影响命运的因素实在颇为微妙。我可以用年少时的一次经历来证明。

某年冬天，我和朋友们结伴攀爬一座险峻的高山。那时山上积雪很深，迎面是温和的南风，非常适合爬山。我们一边爬，一边玩扔雪球的游戏。雪球落地后，会再滚动一段距离，也会多多少少沾上一些雪。我们便比赛谁的雪球滚得更远。突然，其中一个雪球像失去控制一样越滚越大，很快就变得像一座房子一样大，然后快速冲下山谷，爆发出巨大的轰隆声，整座大山都在颤抖。我目瞪口呆，完全没明白发生了什么。

自那以后，雪崩的景象就频频出现在我的眼前。我不由得思考：一个小小的雪球，究竟是如何变大到那种地步的？！我就此沉迷于对微弱作用进行放大的研究。这使得我在若干年后刚一接触机械谐振和电谐振的实验研究，就产生了浓厚的兴趣。如果我没在年少时目睹那场雪崩，留下那么深刻的印象，我或许不会对线圈放出的微弱火花那样感兴趣，也不会进行深究，自然就不会有我最为成功的发明了。我会在后面详细讲述这项发明的诞生历程，这也是我第一次公开分享这段经历。

那些趋炎附势的人常常向我打听，究竟哪一件发明是我最为自豪的。这个问题，可谓仁者见仁，智者见智。不少专业的技术人员善于处理自己专业领域内的问题，却思想迂腐、目光短浅。在他们看来，我为这个世界做出的最大贡献，莫过于感应电动机，此外就没有什么是具有实际价值的了。这个想法必然是错误的，而且错得相当离谱。当一个新的理念出现时，它的价值可能并没有直观地显现出来，因而绝不能仅根据直接效果加以评判。我发明的交流电力传输系统问世于一个关键的时机，解决了长久以来阻碍工业发展的一大问题。虽然其中还有很大的阻力需要克服，还有各方面的利益需要协调，但和众多的发明创造一样，这项技术投入商业化使用的日子不会遥远。接下来，不如以我发明涡轮机后的情况作为类比。那时的情况，与这很是相似。

有人把这个问题想得很简单：既然我的发明简单实用且美观，具备成为一台理想电动机的诸多条件，那便应该立即推广应用。毫无疑问，在这类情况下，我的发明会很受欢迎。不过旋转磁场相对特殊，它不会淘汰已有的设备，反而会为这些设备增加新的价值。我的交流电力传输系统开拓了新的领域，同时推动了现有领域的革新。涡轮机则完全不同。它的成功意味着那些耗资数十亿美元的老

创新：特斯拉传

式原动机将被悉数淘汰。这是一种根本性的颠覆。正因如此，新技术推广应用的进程必须放缓。而过程中最大的阻碍，反倒更可能来自心存成见的专家的故意阻挠。

前些天发生的一件事就令我颇为沮丧。那天，我遇到了我的朋友查尔斯·F. 斯科特。他曾经是我的一位助手，而现在已经是耶鲁大学电子工程系的教授了。我与他许久未见，渴望畅聊一番，便邀请他到我的办公室一叙。很快，我们聊起了我的涡轮机。"斯科特，有了我的涡轮机，这个世界上所有的热力发动机都将成为一堆废铁！"我越说越兴奋，仿佛已经看到了属于涡轮机的光辉未来。斯科特却移开了目光，摸着下巴，一副若有所思的样子。"废铁恐怕是要堆积如山了。"他喃喃自语道，就这样离开了我的办公室！

事实上，我大多数的发明都是在现有设备和技术的基础上，就某一方面进行了改进。在改进的过程中，我只是跟随自己的本能，并没有刻意去考虑什么迫切的需求。但我对"放大发射器"的研究持续了很长时间，着眼于解决人类长远的需求，而非局限于工业层面上的进步。

记得1890年11月，我在实验室进行了一项相当特别且壮观的实验，甚至能够载入科学史册。我在研究高频电流现象时，观察到在一定的空间内，足够强度的电场可以点亮无极真空管。为了对此加以验证，我向系统中引入了一台变压器，结果，第一次的测试就取得了成功。不过，这种奇怪的现象究竟有什么意义，当时的我们还无法给出答案。我们总是不断地探索新奇的事物，可不久之后又会将其淡忘。那些发生在昨天的奇迹，转眼间就变得平平无奇。首次公开展示我的无极真空管系统时，人们目瞪口呆，仿佛看到了天方夜谭。言辞恳切的邀请信纷至沓来，伴随着无数的荣誉和溢美之词。但我不为所动，一一拒绝了。

1892年，各类邀请实在是难以再推托下去，于是我前往伦敦，在英国电气工程师学会进行了演讲。原本我计划在演讲结束后离开伦敦，到巴黎进行另一场演讲，却受到了詹姆斯·杜瓦爵士[1]的诚恳邀请：他希望我再到大不列颠皇家研究院[2]进行一场演讲。我本是个意志坚定的人，但在这位能言善辩的苏格兰人面前，我很快败下阵来。他让我坐下来，将半杯褐色的饮料递到我手中。那是一杯散发着五彩光芒的饮料，有着无与伦比的美妙味道。接着他说："你知道吗？你身下的椅子是法拉第曾坐过的，你喝的也是他最爱的威士忌。"就这两方面而言，我收获了一次别致的体验。第二天晚上，我在大不列颠皇家研究院进行演讲。我的演讲结束后，瑞利勋爵[3]上台致辞。他慷慨的赞美之词是我后来一系列成就的起点。

后来，我"逃离"了伦敦，又"逃离"了巴黎。我无法承受人们的追捧，干脆躲回了家乡。在那里，我又一次遭受了疾病的折磨。

---

[1] 苏格兰物理学家、化学家，设计了杜瓦瓶，成功液化了氧气、氢气等多种气体，为低温物理的研究提供了条件。

[2] 英国科学教育和研究组织，1799年成立，总部位于威斯敏斯特市。致力于传播和促进有用的机械发明和改进，以及加强科学在生活共同目标中的应用。至今共产生了15位诺贝尔奖获得者，发现了10种化学元素。

[3] 英国物理学家，原名约翰·威廉·斯特列特。曾任大不列颠皇家研究院教授、英国皇家学会会长。在声学、振动、光学理论及热辐射等方面都有贡献。

创新：特斯拉传

身体恢复健康后，我准备回美国继续研究工作，并制订了相应的计划。直到那时，我从未想过自己能在发明创造上有什么特殊的天赋。但瑞利勋爵一直是我心目中科学界的楷模。他的称赞让我觉得，我应该将精力集中到更重大的问题上。

一天，我正漫步于山间，注意到天空中乌云密布。我知道这意味着暴风雨即将到来，便四处找寻避雨之处。但不知为何，迟迟不见下雨。正在我感到奇怪时，一道闪电突然划破天空，紧接着大雨倾泻而下。此情此景，令我深思。显然，闪电和大雨之间存在着紧密的关联，是一种因果关系。我通过思考得出一个结论：降雨过程中涉及的电能微小到可以忽略，闪电在其中只是起到一个灵敏触发器的作用。

我觉得，这个结论极有可能意味着一项无比伟大的发明。如果我们能够制造出一定量级的电能效应，就能够改变整个地球及地球上的所有生物的生存条件。阳光蒸发海水，风将水蒸气输送到遥远

特斯拉展示无线发电机

的地方，这一过程中始终保持着微妙的平衡关系。但如果我们控制这一过程发生的时间及地点，那就意味着，我们能根据人类的意愿来自由地调整这一维持生命的珍贵能量。我们可以灌溉荒漠，创造河流和湖泊，提供无限的动力。这无疑将成为利用太阳能的最有效方式。这个设想成功与否的关键在于我们能否制造出与自然中的闪电同等强度的电力。

这听上去希望渺茫，但我决定一试。1892年夏天，我先前往英格兰的沃特福德，和朋友进行了短暂的会面，之后立即回到美国，投入这项研究。我对此有着相当大的兴致，认为只要找到合适的方法，这项研究同样能在无线能源传输中派上用场。

第一个令人满意的成果诞生于1893年春天。我利用圆锥形线圈，成功制造了100万伏的电压。这在现在看来或许不算什么，但就那时而言，称得上壮举。我的研究进行得非常顺利，直到1895年，一场火灾毁掉了我的实验室，更毁掉了我的全部成果。读者可以从那年4月《世纪杂志》上一篇T.C.马丁的文章中了解当时的情况。火灾造成了诸多方面的重大损失，整整大半年，我都在规划和重建一个全新的实验室。实验室一建好，我就重新投入研究工作。

虽然我知道尺寸越大的装置能产生的电动势越强，但我本能地认为，只要设计得当，尺寸相对较小、结构更紧凑的变压器也能达到同样的效果。然而就像我在专利中所描述的，加入一个平螺旋线形的次级线圈后，我竟无法在实验中观测到电子流。这一结果让我感到震惊。但我很快意识到了问题所在，线圈的位置和每一匝线圈之间的相互作用力导致了这一现象。我改用了线圈匝间距足够大的

创新：特斯拉传

高压导体，在减少分布电容[1]的同时，防止电荷过量聚集。在这一原理的指导下，我制造出了 400 万伏特的高压，这基本是我在位于休斯敦的新实验室里所能达到的极限值。1898 年 11 月的《电气评论》杂志上，就刊登了一张这台放大发射器的照片。

为实现进一步的突破，我需要将实验转移到户外更为开阔的空间进行。1899 年春天，我在完成搭建无线装置的准备工作后，就去科罗拉多待了一年多。我在那里进行设备的改进和完善，使其能产生需要的任意强度的电流。1900 年 6 月，《世纪插图月刊》上登载了我的一篇文章，名为"关于增加人类可利用能量的问题"。如果有读者对我在科罗拉多进行的实验有兴趣，不妨看看这篇文章。

应《电气实验者》的要求，我在这里详细介绍一下我的放大

特斯拉在科罗拉多的实验室

---

[1] 非电容器所呈现的电容。一般情况下容值很小，但在高频工作环境下，会对电路产生一定的影响。

发射器，让年轻的读者朋友们能够更好地理解它的结构、操作和用途。这是一个装有次级线圈的谐振变压器，其中处于高电势下的元件有较大的表面积，且沿曲率半径相当大的完美包络面分布，相互保持着适宜的距离，以保证各处的表面电荷密度都较小。这样一来，即便导体处于裸露状态，也不会漏电。这一装置适用于任意频率，从每秒几周到上万周，其产生的电流可以电流量大而电压适中，也可以电流量较小而电动势极大。充电元件所在表面的曲率和元件本身的表面积决定了电压的极限值。

按照我的经验，以这样的方式制造高达一亿伏的电压是完全可行的。另一方面，可以借助天线获取数千安的电流，只需准备一台尺寸适中的设备。理论上，一台直径不到 90 英尺的设备，就可以制造出这一量级的电动势。而在正常频率下，一台直径约为 30 英尺的天线可获得 2000 至 4000 安的电流。狭义上讲，在这种无线发射器中，赫兹波释放的能量在产生的能量整体中可谓微不足道。此时，阻尼因数极小且性能得到提升的电容器可以大量地存储电荷。包括低频脉冲在内，任何一种脉冲都可以激活这种电路，并像交流发电机一样，产生连续的正弦波振荡。但是，从最狭义的层面上讲，除了具备无线发射器的这些特性，这也是一种谐振变压器。它与地球以及地球的介电常数和电学性质精准适配，能够实现高速高效的无线能量传输。此时，距离彻底消失了，传输脉冲的强度则不会减弱。根据一条严谨的数学定律，我们甚至可以使作用的强度与距离成正比。

这项发明，已经成为我的无线传输"世界系统"中的一员。

创新：特斯拉传

1900年，我返回纽约，开始着手进行这一系统的商业化运作。我在当时的一份技术声明中，就这项事业的目标进行了明确表述，简单摘录于下：

发明者本人在长期且持续的研究实验过程中获得了几项创新发现，其综合成果即为"世界系统"。这是一个基于无线传输的系统，能够将任何种类的信号、信息、文字精准即时地传输到世界的每一个角落，且能够实现电报、电话及其他信号站点的相互连接、相互通信，无须额外对设备进行任何调整。比如，电话用户能够实现与全世界任意一台电话的联通与通话。又比如，只需一台手表大小的平价接收器，用户就能够实时听到地球上任何一场演讲或音乐会，无论他身处何处，在陆地还是海洋，也无论相距多远。

这些例子所展示的，是这项伟大科学进步所拥有的无限潜力和应用空间。它将彻底消除距离带给人类的限制。仅使用一条线路，就能让地球这个完美的天然导体满足人类的创造力带来的无限需求。

这个系统最伟大的地方是，任何可以通过一条或多条（在一定的距离限制内）线路操作的设备，可以在不使用人工导体的情况下，以同等性能和精度运转。除了地球自身的物理尺寸外，不存在任何限制。这种完美的传输方式，将为商业活动开辟全新的发展空间，更能为现有技术带来巨大的改进和提升。

"世界系统"是基于下列重要发明和发现建立的：

1. 特斯拉变压器。这是一台在电磁振动领域具有革命性影响的装置，就如同火药之于战争。这一装置制造的电流强度是传统方式的数倍,制造的电火花长度超过 100 英尺。

2. 放大发射器。这种特殊的变压器可以激发地球的电磁场,进行远距离电能传输。其在电力传输领域的重要意义就如同望远镜之于天文观测,是特斯拉最为得意之作。借助这个神奇的装置,特斯拉成功制造出了强度超过闪电的电效应,足以同时点亮全球超过 200 盏白炽灯。

3. 特斯拉无线系统。这一系统包含一系列新的技术改进,是以无线技术低成本远距离传输电能的唯一方法。特斯拉已在科罗拉多建立一座实验站,通过精密的实验和计算,证明该系统可以将任意规模的能量传输至世界各处,能量的损耗不过几个百分点。

4. 个性化艺术("信号加密技术")。这是一种出色的信号加密技术,可以使信号或信息在整个传输过程中拥有绝对的保密性和排他性。也就是说,一个人发出的信号既不会受到其他任何信号的干扰,也不会干扰到其他人。每个信号都像一个拥有明确身份的个体。能够同时运转的站点和设备数量几乎是没有上限的,且相互不受干扰。假如将这项发明比作华美的辞藻,那么原始的调谐(如收音机的调频)就如同模糊不清的话语。

5. 陆地驻波。这是一项相当伟大的发现。通俗来说,这意味着地球会对特定波长的电振荡产生反应,就像音叉能够发出特定波长的纯音一样。这种电振荡能够激发地球的电磁场,因而能够实现在商业及其他领域的一系列重要应用。

首座"世界系统"发电站将在九个月后投入使用。在这座发电站的支持下,我们能够实现最高 1000 万马力的电活动,无须高昂

创新：特斯拉传

的成本便能取得数不胜数的技术成果，其中包括：

1）联通全世界的电报站点；

2）建立私密且不受任何干扰的政府电报服务体系；

3）联通全世界的电话站点；

4）与新闻界合作，借助电报、电话实现一般性新闻的全球覆盖；

5）建立专供个人使用的信息传输"世界系统"；

6）联通全世界的股票报价系统并实现共同运作；

7）建立适用于音乐等领域的传播活动的"世界系统"；

8）使用成本低廉的钟表，实现天文级精度的全球时间显示，且永远无须校准；

9）实现印刷或手写的文字、信件、支票等在世界范围内的传输；

10）建立全球航海服务系统，使所有船只无须指南针即可获得精准的航行信息，可随时知晓船只的航行方向、确切位置、航行速度及时间等，避免碰撞或其他灾难的发生；

11）建立覆盖全世界的印刷系统；

12）实现照片及各类图像、音频材料在世界范围内的传输与复制。

我曾提议进行小范围的无线传输技术演示，而其成果足够令人信服。除去上面列举的各项，我的发明和发现还有意义更为深远的应用，将在未来的某一天与公众见面。

第一部分 // 特斯拉回忆录

特斯拉在高频变压器前

我们在长岛[1]建起一座187英尺高的发射塔，其顶部是一个直径68英尺的球形装置。这样的尺寸足以实现任何规模的能量传输。起初，我们采用的功率只有200千瓦到300千瓦，不过我考虑之后增加到几千千瓦。这座发射塔会发射一种有着特殊性质的综合波，我就此发明了一种特殊的方法，可以用电话控制发射塔任何规模的能量传递。两年前这座塔遭到拆除，但我的研究工作并没有停止，也计划建设另一座在部分功能上有所改进的发射塔。

此前有报道称，我的发射塔是被美国政府拆除的，我要在这里进行澄清，以防在目前的战争局面下，有人心生偏见。这些人大概不知道，我的嘉奖令、毕业文凭、学位证书、金奖章和其他荣誉证明都

---
[1] 美国纽约市东南的岛屿。

创新：特斯拉传

被我塞进了旧箱子里，唯有三十年前美国政府授予我美国公民身份的文件一直被我小心地锁在保险柜里。如果这条报道所言不虚，我倒是能得到巨额赔偿，毕竟建造这座发射塔的开销可谓数额庞大。

恰恰相反，保留这座发射塔才是对美国政府更有利的。我在这里简单举一个例子：有了这座发射塔，政府就可以对全球任何角落的潜艇进行精确定位。我一直致力于让我的各种装置、服务系统和技术改进为政府所用。事实上，自从欧洲的战争冲突爆发，我便投身于空中导航、船舶推进与无线传输相关的几项发明，对目前的美国而言，这些问题至关重要。消息灵通的人都知道，我的发明为美国工业带来了革命性的进展。就此而言，没有任何一位发明家可以如我这般幸运，发明成果甚至能为国防事业做出贡献。

之前我总是极力克制自己的言辞，避免在公开场合谈论这一问题。毕竟在全世界都面临巨大危机之时，执着于个人利益显然不太合适。但鉴于还有其他关于我的谣言四处流传，我还是想在这里多说几句。

有人传言说：约翰·摩根[1]先生对我的研究没有任何商业层面上的兴趣，只是出于帮助过许多领域内先驱者的一种伟大精神，为我提供了资助。事实上，摩根先生已经慷慨兑现了曾许诺给我的所有资助，如果希望他再给予额外的支持，属实有些不近人情。摩根先生极为尊重我的发明成果，对我的发明计划有着绝对的信任。

---

[1] 美国银行家、艺术收藏家，美国近代史上著名的金融巨头，使世界金融中心从英国伦敦转移到美国纽约。被誉为"世界债主"。

毕竟在全世界都面临巨大危机之时，执着于个人利益显然不太合适。

创新：特斯拉传

那些心胸狭隘、满怀嫉妒的人散播的谣言，不可能真正妨碍到我的研究，我绝不会让他们的阴谋得逞。在我看来，这些人不过是致病的细菌，而真正能够阻碍我的研究的，唯有自然的规律。现在的世界还没有做好迎接我的研究的准备，毕竟这些研究过于超前。但终有一天，它们会成为世界的主流，取得最终的胜利。

第六章 "宇宙"与未来
Tesla's Memoirs

在我一生的研究项目中,没有哪项比基于放大发射器建立的系统更耗费精力了。我为它倾尽所能,每一根神经都绷得紧紧的。年轻时的我也曾全身心投入旋转磁场的研究工作。这项早期研究工作同样非常辛苦,但并不需要像解决无线传输的难题那样,进行细致入微、殚精竭虑的思考。

虽然我那时拥有极好的身体素质和超强的忍耐力,但长时间的神经紧绷还是令我到达了极限。在这场漫长而艰苦的努力即将见到成果之时,我的精神彻底崩溃了。还好上天赋予了我一套安全防护系统,不然,我肯定会付出更大的代价,甚至提前结束自己的职业生涯。随着时间的推移,这套系统逐渐变得强大起来。一旦我的创造力耗尽,它就会自动开始运转,以免我因过度劳累而陷入危险状态,就像曾经发生在其他发明家身上的那样。顺带一提,我不需要

创新：特斯拉传

像大多数人那样定期休假。当我精疲力竭的时候，就会"倒头就睡，让其他人操心去吧"！

每当我在自己领域外的世界进行探索时，我的身体中就会逐渐累积某种毒素。这会使我陷入一种接近昏睡的状态，但这种状态仅会持续半个小时，一分钟也不多。醒来后，我会有一种错觉，认为昏睡前发生的那些事仿佛已经过去了很久。如果我强行继续之前的思考，就会有一种心理上的恶心和晕眩感。尽管心有不甘，我也只得放下之前手中的工作，转头去做其他的事情。令人惊讶的是，我的思路会变得无比清晰，以前困扰我的问题都能迎刃而解。于是，我会将新的问题放下，等几周或几个月后，我重新燃起热情，再开始研究这些问题。曾经令我昏昏欲睡、头晕恶心的难题，此时轻易就能解开。关于这个现象，我会再分享一段特殊的经历，心理学的研究者也许会对此有兴趣。

我曾使用自己设计的地面发射器，制造出一种非常奇妙的现象，并试图探究这一现象在透地电流传输方面的实际意义。这听起来希望渺茫，此后一年多的时间，我都被这个难题困扰，不断地研究分析，始终没有取得任何的进展。我全神贯注地进行这一研究，忘记了其他的一切，甚至是自己日渐糟糕的身体状况。最后，我的身体濒临崩溃，进入了保护性睡眠状态。

当我恢复意识时，一件不可思议的事情发生了，我竟然记不起来过去的事了。只剩下生命最初时的记忆，仍然盘旋在我的脑海中。那些记忆异常清晰，使我被折磨得混乱无比的思绪得到了一丝放松。

接下来，每天夜里休息的时候，我就会尝试进行回忆，逐渐回想起了一些过去的事情。不过,我回忆起的事情基本都是和母亲相关的。我心中涌起越来越浓的思念,渴望见到她的念头强烈到无法压制,使我不得不放下所有的工作,致力于完成这个心愿。但对我而言,离开实验室无疑十分困难。我花费好几个月的时间,终于恢复了1892年春天前的所有记忆。这片混沌的记忆迷雾中浮现出这样一幅画面:我身处巴黎和平大酒店,刚从一次昏睡中醒来。长时间的精神紧绷使我再次进入了那种特殊的睡眠状态。就在这时,我收到一封加急的信件,上面是母亲即将离世的消息。我悲痛万分,马不停蹄地赶回家中,一刻也不敢耽搁。而母亲在几周的痛苦煎熬之后,最终还是与世长辞。

我惊奇地发现,在这段记忆缺失的时间里,我竟异常清晰地记得与我的研究相关的所有内容。我不仅能回忆起实验过程中最微小的细节和最无关紧要的现象,还能够背诵大段的文字内容和复杂的数学公式。

我坚信,发明创造的过程中一定存在一种思考补偿机制,实际的回报一定是和付出的努力与牺牲成正比的。正因如此,我一直坚信放大发射器会成为我的所有发明中最具意义和价值的一项,其未来的意义将无法估量。这不仅仅是因为它能够引发商业和工业领域的变革,还在于它为诸多现实成就提供了基础,将对整个人类社会产生重要影响。相较于在人类文明这一更高层面上的意义,其单纯的应用价值显得无足轻重。

我坚信，发明创造的过程中一定存在一种思考补偿机制，实际的回报一定是和付出的努力与牺牲成正比的。

人类面临的诸多问题,并非都能通过改善或丰富物质文明加以解决。但这方面的发展进程之中充满危险和障碍,对人类的威胁程度与物质的贫乏和生活的苦痛不相上下。如果我们成功释放出原子中的能量,或者制造出某种

特斯拉展示无线电灯泡

成本低廉、储量无限的能源,也并不会为人类带来幸福。相反,这将导致无尽的冲突与混乱,使得全人类的命运落到可恶的暴力独裁政权手中,带来一场彻底的灾难。

  人类的福祉来自以统一与和谐为目标的技术革新,而我的无线发射器正是如此。借助这项技术,人类的声音和图像能够在地球上的任何地方重现,工厂能够从千里之外的水电站获得能源,飞行器能够环绕地球不间断飞行,人们能够控制太阳的能量创造出河流及湖泊,以产生动力,并将干旱的沙漠改造为肥沃的良田。引入无线发射器后,电报、电话及其他类似领域中的静电等干扰因素将得到

创新：特斯拉传

消除，正是这些干扰因素阻碍着无线技术的实际应用。这个亟待解决的问题，并非三言两语能够讲清楚的。

在过去的10年里，有不少人大言不惭地宣称，自己已经将这一难题成功解决。可事实上，早在他们公开发布自己的方法前，我就已经进行了详尽的研究，并对其中绝大部分方案加以测试，结果没有一项是行之有效的。美国海军近期发表的一份官方声明，或许多少能让容易头脑发热的新闻编辑们学会如何判断这些报道的实际价值。这些人参照的理论通常荒谬至极，所以每当我看到他们的新发现，都会一笑了之。不久前，又有一项重大发现大造声势，各种宣传报道铺天盖地，最后也不过又是一场闹剧。

这让我想起了一场几年前的乌龙闹剧。我正在使用高频电流进行试验，新闻报道了一个轰动性的事件：史蒂夫·布罗迪从布鲁克林大桥上跳河了。一开始，这则新闻引起了整个纽约市的关注，可后来太多的人模仿这一壮举，反倒让人们习以为常了。这件事令我印象深刻。

一个酷暑难耐的下午，我准备到外面放松放松。于是我走进了一家酒吧。当时的纽约遍地都是酒吧，人们能够随时享用一杯酒精浓度12%的美味饮料——如今，你要远赴欧洲的穷乡僻壤，才能喝上一口。酒吧里人头攒动，但没有什么特别显眼的人。听着周围的高谈阔论，我随口插话道："这不就是我跳下桥时说的吗？"在场的人都震惊了，我感觉自己仿佛成了席勒[1]诗中的提摩

---

[1] 18世纪德国著名诗人、哲学家、历史学家、剧作家，德国启蒙文学的代表人物之一。

太[1]。转瞬之间，局面变得一片混乱，我听到此起彼伏的叫喊声："他是布罗迪！"我立马掏出一枚25美分的硬币，往柜台上一扔，朝大门快速跑去。但人群依旧紧跟着我，大喊："他是史蒂夫！别让他走！"

这就是一场彻头彻尾的闹剧，我发疯似的逃跑，总是有人试图拦截我。我一路狂奔，托消防通道的福，转过几个弯，最终安全地抵达了实验室。我脱掉外套，疯狂地工作起来，装作一个埋头苦干的铁匠。后来我才知道，这完全是多余的，我早就将那些追赶的人远远地甩在了身后。

此后多年，我经常在神思飘荡的夜晚莫名其妙地想起这件事，辗转反侧。我常想，如果当时那些人追上了我，结果发现我并非史蒂夫·布罗迪，我的命运又会如何？

最近有一位工程师向某技术团体表示，自己借助一条"至今无人知晓的自然原理"，找到了解决静电问题的全新方法。他认为静电干扰是以上下波动的方式进行的纵向传播，而发射器的电流则是沿地面行进的横向传播。在我看来，这就像我当年自称布罗迪的行为一样，充满了疯狂。如果他的想法是正确的，那么被大气层包裹的地球就成了一个庞大的电容器，可以通过一种与所有基础物理教科书中叙述的基本原理相违背的方式进行充电和放电。

即便是在富兰克林的时代，这样的假定也是站不住脚的。与此相关的事实情况已是众所周知，大气电与人工电之间的一致性也

---

[1]《圣经·新约》中的人物，教会时代保罗的重要助手。他和保罗一样，蒙上帝呼召，做一个全时间的传道人，于约公元80年殉道。

创新：特斯拉传

已经确立。显然，无论是自然的电流还是人造的电流，在地球内部和大气中的传播方式都是完全一致的，都会产生水平和垂直方向上的电动势。目前提出的方案都是无法解决干扰问题的。事实上，在大气中，海拔每上升一英尺，电势就会增加 50 伏左右。这样一来，天线顶端和底端就存在着 2 万伏，甚至是 4 万伏的电势差。带电气团始终处于运动状态，向导体释放电能。但这个过程并不稳定，反而具有一定的干扰性，会使敏感的电话接收器出现噪声。传导终端的位置越高，线路跨越的空间越大，噪声就越为明显。但有一点必须明确，这不过是局部的问题，并不会给整个系统带来太大的麻烦。

1900 年，我在改进无线系统的过程中，设计了一台有四根天线的无线电装置。我对天线进行了细致的校准工作，确保它们处于相同的频率，并将它们串联，以放大从任何方向接收到的信号。为了确认传输脉冲的来源，我将呈对角线排布的天线进行配对，并引入一个初级线圈，以激活检测回路。第一种情况下，电话中会出现噪声；但在第二种情况下，噪声消失了——这与我的预想完全一致：两根天线的干扰相互抵消了。事实上，这两种情况下都存在静电，我需要根据原理的不同，设计相应的预防措施。很长一段时间以前，我曾提出，如果将接收器与地面上的两个点相连接，就能有效解决带电大气给现有装置带来的严峻结构性问题。此外，由于电路是定向的，所有类型的干扰都将减半。

这是个相当简单、不证自明的道理，但某些头脑简单的"专家"却要费些心思才能领悟。这些人的实验往往停留在装置的外部结构层面上，以为仅靠一把斧头就可以改进装置。他们面对问题时，总是处理得乱七八糟。就像是还没杀死狗熊,就急着处理它的皮毛了。如果导致异常现象的是天线的干扰,那么解决方法很简单,改用无天线的接收方式就可以了。这样看来,把线路埋进地下,应该就能彻底消除这种干扰。但事实并非如此,埋进地下的电线反倒比暴露在外的天线更容易受到某些外部脉冲的影响。其实,我们已经在这方面取得了一定进展,但并非方法或设备上的改进。我们所做的只是单纯地舍弃庞然大物般的复杂装置结构。复杂的结构会使传输效果变差,也不利于接收信号。于是,我们改用了更为合适的接收器。就像我前面所说,要想解决这个问题,必须对整个系统进行彻底的改造,越快进行越好。

如今,这项研究还处于刚刚起步的阶段,包括专业人士在内,绝大多数人都对它的潜力毫无概念。在这样的情况下,借助立法使其仓促成为政府垄断技术,可能带来灾难性的后果。几周前,海军部长丹尼尔斯已经向参议院和众议院提起了议案。他怀着真诚的信念,但无数事实证明,最优秀的研究成果诞生于健康的商业竞争之中。

此外,以下两点也可以说明,充分的研究自由更有利于无线技术的发展。首先,相较人类历史上的其他发明和发现,无线技术拥有无可估量的广阔前景,它将极大地改善人类的生活质量。另外,我们需要认识到,这项令人惊叹的技术的研发全过程都是在美国进行的,是地道的"美国制造",不同于电话、白炽灯、飞机,美国应享有无线技术领域的更多知识产权和专利。

野心勃勃的媒体和证券商极为擅长利用和传播虚假消息。即使

创新：特斯拉传

是《科学美国人》这样极负盛名的杂志，也将无线技术的主要功劳归于外国人。当然，赫兹波确实是德国人发现的，俄国、英国、法国和意大利的专家很快将这项技术应用到了信号传输上。但他们只是单纯地实现了新媒介的应用，实际发挥作用的依旧是未经改进的传统感应线圈，充其量算作另一种形式的反光通信法。这样的传输，距离有限，价值也有限。事实上，作为信息传输手段的赫兹振荡技术完全可以替换为效果更好的声波。这是我在1891年提出的观点。这些尝试都是在无线系统基本原理提出的3年后进行的。如今，这一原理得到了广泛应用，由此衍生出的各项强有力的工具也在美国得到了清晰的阐释与发展。

如今，以赫兹理论为基础的应用和方法已经退出了现实的舞台。我们则一直沿着相反的方向前进，取得的成就是这个国家的人民智慧和辛勤劳动的结晶。现在，最基本的专利的保护期结束了，任何人都可以在它的基础上进行再发明和再创造。丹尼尔斯部长的论述主要基于干扰问题。根据《纽约先驱报》7月29日刊登的报道，他认为一个信号强大的基站发送的信息是可以在地球上的任意角落被截获的。1900年，我便在实验中发现了这一问题。从这个角度上说，仅在美国进行限制并没有什么意义。

为了说明这个问题，我要分享最近发生的一件事。一天，有位长相奇异的先生找到我，希望我在某个偏僻的地方建一座覆盖全球的放大发射器。他声称："我们没有钱，但有整车整车的黄金，你将得到一笔不菲的回报。"我表示，自己打算先在美国进行推广，看看这项发明能给美国带来什么。事情就这样不了了之。不过，这件事让我意识到，还有不知名的人士在从事相关的工作，这是非常令人高兴的。随着通信时间的延长，长久地保持通信将会变得越发困难。唯一可行的办法是设计出一套不受任何因素干扰的系统。现在，我们已经拥有了这样的系统。需要做的，就是让它实际运转起来。

目前，人们最为关注的问题莫过于战争。而放大发射器或许能够在这方面发挥重要作用。特别是在与自动遥控装置配合使用的情况下，它能够在攻防两端实现应用。事实上，这项发明萌芽于我童年时的观察和思考，并横贯了我的人生。在我发表首批研究成果后，《电气评论》杂志的社论评价说："这将成为人类进步文明发展的强大推动力。"这样的预言，很快就会成为现实。其实，在1898年和1900年，我曾两次向政府推荐这项技术。如果我精通人情世故，懂得像亚历山大那样寻求牧羊人的帮助[1]的话，提议应该早就得到批准了。

那时的我，确实认为这项发明能够让战争消失，毕竟它有着无法估量的破坏力，且无须向战场派遣人员。虽然我现在依旧对其巨大的发展潜力充满信心，但我的观念已经有了变化。避免战争的唯一途径是消除战争爆发的物理原因，那便是人类在地球上分散性分布的现状。只有消除信息传输、人员与物资运送、能量输送等领域中的距离问题，人类才能实现永久的友谊与和平。而现在我们最需要做的，便是加强世界不同国家、不同民族、不同人群之间的交流与理解，消除对于民族利己主义和民族自豪感的神化与狂热崇

---

[1] 相传亚历山大大帝入侵波斯时，靠当地牧羊人指引迂回曲折的小径实现奇袭，方取得波斯门战役的胜利。

创新：特斯拉传

拜——这些思想会让全世界陷入最为原始野蛮的争夺和厮杀，没有什么同盟条约或是议会法案能够阻止这场灾难。而我们所发明的那些具有巨大破坏力的机器，只会成为让弱者任凭强者摆布的新手段。

我在14年前就表达过这样的观点。已故的安德鲁·卡耐基[1]先生极力倡导几个当时居于主导地位的国家联合起来，形成类似"神圣同盟"[2]的组织。卡耐基先生堪称这一理念的创始者，他率先对此进行宣传和推广，付出的努力远超总统。不可否认的是，这确实能够给某些弱势群体带来一定帮助，但无法从根源上实现我们的主要目标。要想实现自然而然的和平，需要全世界文明的共同进步和种族间的高度融合。而现在，我们离这个伟大的目标差得太远。

目前的世界尚处于激烈的冲突之中，我坚信，美国政府应秉持传统，避免加入任何纠缠不清的联盟，这样才是对全世界人类的幸福最为有利的。美国有着独特的地理位置，远离诸多激烈冲突，没有开疆拓土的需求，又坐拥数之不尽的资源和崇尚自由与人权的人民，其优越性是任何国家都无法比拟的。美国拥有极其强大的经济实力与道德力量，完全能利用自身优势，独立地为全世界的人民谋福。比起加入所谓的联盟，这样的做法更为明智，也更为有效。

---

[1] 苏格兰裔美国实业家、慈善家，卡耐基钢铁公司创始人，被誉为"钢铁大王""美国慈善事业之父"。

[2] 1815年维也纳会议后，俄、普、奥三国君主在巴黎结成的同盟。欧洲大多数君主国家加入，目的在维持维也纳会议上重新划定的边界和镇压各国革命。1830年法国七月革命后瓦解。

要想实现自然而然的和平,需要全世界文明的共同进步和种族间的高度融合。

创新：特斯拉传

我在《电气实验者》杂志上发表的一系列自传性文章中，对自己的早年生活进行了回忆，并讲述了一种迫使我不停锻炼想象力和自省力的痛苦。最初，这种思维活动是我在疾病和痛苦的压力下，下意识进行的，但逐渐地，它成为我的第二天性。我最终认识到，思维和行动并非自由意志的结果，只是对自然影响做出的反应。我们的身体有着复杂的结构，能够进行多样而繁复的行为，而我们感知到的外部世界又是如此微妙且难以捉摸，这使得绝大多数人难以觉察这一事实。但对专业的研究人员而言，生命机械理论比其他任何理论都更有说服力。早在 300 年前，笛卡儿就已经理解并提出了这一理论的部分内容。但在那个年代，人们并不了解人体的许多重要功能。特别是光的性质，以及眼睛的构造和工作原理，当时的哲学家对此一无所知。

直到近年来，这些领域内的科研工作取得了巨大的成果，并发表了众多的专业著作，彻底消除了对这一领域的质疑。其中最具代表性的，莫过于菲利克斯·勒·丹泰克，他大概是其中最有才华的，对这一理论的阐释也是最令人信服的。他曾是巴斯德的助手。此外，雅克·洛布教授进行了一系列向日性实验，清晰地证明了光线对等级较低的生物具有一定控制能力，他最近出版的专著《作用力下的运动》很能给人启发。这些科学工作者只是纯粹地接受了这一理论，就像接受其他公认的理论那样，而我则致力于以每时每刻的思维和行动证明这一理论。对外部世界的感知推动我进行思维和行为领域的各种活动，而我的意识能明确感知到这一点。只有在极为特殊的情况下，我的精神高度集中，才会出现难以确认最初动因的情况。

然而，更多的人从未在意外部世界和他们的内心正发生什么，这致使数以百万的人遭受疾病的折磨，并早早离开人世。对他们来说，日常生活中最为常见的现象都显得那样神秘且难以理解。有的人突然感到心情极度悲伤，却无论如何也无法想通这究竟是为什么。而如果他能注意到，当时太阳恰好被一片云彩遮住了，悲伤的原因也就呼之欲出。有的人脑海中突然浮现出一位好友的样貌，为此感到不可思议。但实际上，他不久前恰好与那位好友擦肩而过，或是恰好在某个地方见过对方的照片。有的人发现自己掉了一颗领扣，便火冒三丈地大骂不休，过后却完全回忆不起自己当时的行为，也无从判断那颗领扣到底掉在了哪里。缺乏观察能力，其实也是一种无知，直接导致了许多错误认知和愚昧想法的产生。每十个人中，最多有一个人不相信心灵感应、灵异现象、招魂术、与死者交流之类的把戏，最多有一个人不会理睬有意或无意的欺诈者。

这样的想法在人们的大脑中根植甚深，就算是头脑清晰的美国人也难免如此。我在这里举一件趣事来证明。战争爆发前，我在这座城市举办了一场涡轮机展出，众多的科学刊物争先恐后地对此进行评论。我坚信，那些制造商一定会对这项发明展开激烈的争夺。于是我事先进行了调查，看中了一位颇有致富手段的底特律投资商，甚至已经为他专门打造了一整套设计方案。我极为自信，认为这些人迟早会出现在我眼前，甚至将自己的想法告诉了秘书和助手。

果然不出我所料，一个阳光明媚的早上，福特汽车的工程师们前来造访，希望与我就一个重要的合作项目进行商议。"怎么样？我没说错吧？"我无比得意地向员工们炫耀，有人回应道："你太

创新：特斯拉传

厉害了，特斯拉先生！凡是你所预言的，都变成了现实。"这些精明的客人落座后，我便滔滔不绝地介绍起我的涡轮机，向他们讲解这台机器的出色之处。但很快，我的介绍就被一位客人打断了，他说："这些我们早已清楚，今天前来是为了另外一件事。我们建立了一个心理学会，专门研究超自然现象，我们希望你能加入。"这些工程师恐怕永远都不知道，当时我的内心极度崩溃，差点把他们直接赶出去。

自那几位定能名垂科学史的伟大人物告诉我，我拥有无与伦比的头脑以来，我便全身心地投入一系列重大问题的研究，丝毫不计代价。我曾耗费多年时间，致力于破解死亡的谜题，热切地观察每一种灵异现象。但我这一生，只有一次经历让我一时间认为，发生了一种超自然事件，那是在母亲离世之时。

当时，我已经被痛苦和长时间的精神紧绷击垮了。某个晚上，我被送到离家两个街区的一栋房子里。我孤苦无依地躺在那里，心想，如果母亲在我不在身边的时候离世，她一定会让我感觉到的。两三个月前，我在伦敦和已故的友人威廉·克鲁克斯[1]就唯灵论进行了热烈的讨论，这一理论对我产生了很大影响。我或许不会太在意别人的观点，但很容易受到克鲁克斯的影响。正是学生时代拜读的那些他关于放射性物质的伟大专著，使我走上了电学研究的道路。我认为，母亲的离世，应该是窥视来世的良机，毕竟我的母亲同样是一位天才，她的直觉尤其出众。

---

[1] 英国物理学家、化学家，铊元素的发现者和命名者。其研制的阴极射线管（克鲁克斯管）为 X 射线和电子的发现提供了基本实验条件。

那天晚上，我大脑中的每一个细胞都活动了起来，期待着得到相关的启示。然而到了第二天早上，依旧什么都没有发生。我昏昏沉沉地睡了过去，也许是昏迷了。我的脑海中浮现出一幅画面：一片云朵载着几位异常美丽的天使缓缓而来，其中一位天使注视着我，神情满怀爱意。渐渐地，那位天使变成了母亲的样子。她慢慢地飘过这个房间，不一会儿就消失了。一阵无比美妙的歌声将我唤醒了。霎时间，一股难以描述的感觉涌上心头。我意识到，母亲离世了。事实的确如此。当时，我实在无法理解这种令我痛苦万分的感应现象意味着什么。尽管我的身体状况非常糟糕，我还是给威廉·克鲁克斯先生写了封信。身体恢复健康后，我花费大量的时间，探究这一奇特现象的外部原因。刚开始的几个月，我毫无进展，但后来我终于得到了答案，长长地舒了一口气。

我想起，自己曾见过一幅著名画家的作品。画中通过描绘一群乘着云朵的天使，寓言式地展现了某一季节的景象。托着天使的云画得极为真实，仿佛真的飘浮在空中，给我留下了无比深刻的印象。我在梦中见到的场景，和那幅画完全一致，唯一的不同，就是出现了母亲的形象。当时正值复活节，唤醒我的音乐就是附近教堂唱诗班的清晨弥撒。就这样，我用科学的方法将这一"灵异现象"解释清楚了。

这已经是发生在很早之前的事情了。后来，我再也没有改变过对超自然的精神现象的看法。我坚信那些都是无稽之谈，对超自然现象的迷信不过是智力发展过程中的自然产物。宗教教义不再以其最传统的形式被人们接受，但人们对某种至高无上的力量的信仰始终坚定。我们每个人都需要某种理想的存在，它能够约束我们的行

创新：特斯拉传

为，使我们获得内在的满足。而理想的形式则不那么重要，可以是信仰、艺术、科学或其他任何一种非物质化的存在。因此，对实现世界和平而言，拥有共同的观念至关重要。虽然我找不到任何足以支撑心理学家和唯灵论学家观点的证据，通过长期以来对人类行为的观察和归纳，我已经以自己满意的方式证明了生命的自发性。在我看来，这一发现对于整个人类社会意义重大。下面我会就此做一番简短的介绍。

当我还非常年轻时，就知晓了这个令人吃惊的事实，但长期以来，我只是将它归结为一种单纯的巧合。如果我，与我有关的人，或是我从事的事业，遭到他人的伤害或破坏——也就是人们常说的受到不公平的对待——我便会感受到一种难以言表的痛苦。如果一定要加以形容的话，我认为那种感觉像是"宇宙"般没有尽头。不久之后，那些给我带来痛苦的人，无一例外地遭遇了令自己痛苦的事情。

这样的情况反复不断地出现后，我将自己的发现告诉了一些朋友，以证明我得出的结论的真实性。我的结论可以归纳为以下内容：人类的身体构造都是相似的，在受到相同的外部影响时，做出的反应也是相似的。这使得人类活动整体上具有一致性。正是在这样的基础上，人类形成了社会，制定了一系列规则和法律。事实上，我们都处在媒介的控制下，就像漂浮在水面的软木塞一样，在外部的影响下自动做出反应，却误以为是自己的自由意志在发挥作用。我们的各种行为活动总是以延续生命为目的的。虽然每个人看起来各不相同，但我们之间始终存在无形的联系。只要身体的机能处于良好的状态，就会对产生刺激的媒介做出准确的反应。但一旦某一方面发生了错乱，自我保护机制也就遭到了破坏。

一个健康的人，一旦遭受到失明、聋哑、肢体损伤等危害，生存机会就会相应地减小。这是显而易见的事实。而如果这个人的大脑受到损伤，或原本就有某方面的缺陷，影响到了对外界的自动反应机制，结果或许更糟，他的生命历程会大大地缩短。一个感觉敏锐、观察能力很强的人，有着强大的身体机能，能快速地适应周围环境的变化，拥有卓越的机械感觉，能够规避那些难以察觉的危险。如果他接触到那些控制器官存在极为严重缺陷的人，他所拥有的那种机械感觉就会立即运作，带给他"宇宙"般的痛苦。

已经有无数事实证明，这一结论是正确的。我也在邀请其他从事自然研究的学者关注这一课题。我相信，如果大家能够联合起来，就这一课题展开系统性的研究，必然会取得极为伟大的成果，其意义将无法估量。

为了证明这一理论，我在很早以前就有制造一台自动装置的想法，但直到1893年开始无线技术研究后，这项工作才得到实际推进。在之后的两三年里，我制造出不少可遥控操作的自动装置，并展示在实验室中。1896年，我设计出一台能够接收并完成多个指令的完整机器，不过直到1897年底才正式完工。

我在1900年6月的《世纪杂志》和当时的其他期刊上发表文章，对这台机器的结构进行了说明。而1898年春初，这台机器首度对外展出时，就引发了轰动，这是我的发明历程中从未有过的。1898年11月，我在这台装置中使用的新技术被授予基本专利。为

创新：特斯拉传

了检验我口中这台装置优越难以置信的工作成效，总审查官亲自来到纽约见证它的工作过程。后来，我拜访了华盛顿的一位官员，希望将我的这项发明介绍给政府。听完我对这项发明的介绍，那位官员竟然大笑不止。当时没有任何人相信这样的机器能被发明出来。在律师的建议下，我只在专利中说明了控制功能是通过单一回路和一种常见的探测器实现的。遗憾的是，这没能使我设计的方法和装置获得专利保护。而事实上，这艘遥控船是通过多个回路的电路联合作用进行控制的，且排除了一切形式的干扰。

我通常将接收电路设计成环形，电容器也是如此。因为我的高压发射器放电时，会将周围的空气电离，哪怕一根非常细小的天线，也可以持续数个小时从周围的空气中吸收电荷。比如，一个直径12英寸、电力耗尽的灯泡，可以通过一根很短的电线与终端装置相连。实验室中因电离产生的电荷足够使这个灯泡连续闪烁上千次。环形接收器对这样的干扰是不敏感的，但有趣的是，它现在得到了非常广泛的应用。事实上，环形接收器对于能量的接收能力远远不及天线或长距离接地线路，但它刚好不具备现有的无线装置的缺点。

展示我的发明时，我们请参观者任意提问，而自动装置会以发出信号的方式，对这些问题进行回答。这在当时被看作一种魔法。但其中的原理其实非常简单，不过是我本人通过这个装置在进行回答而已。

这一时期，我还制造出了更大的遥控船，本期（1919年10月）《电气实验者》杂志上就刊登了它的照片。这艘船是通过控制回路遥控操作的，船体上绕了几匝线圈。这些线圈经过防水处理，可以整体没入水中。这艘遥控船与之前的那台装置非常相似，不过也有几个地方有所改动。比如我在船内安装了一盏白炽灯，方便人们观察装置的运行情况。

这些自动装置的控制范围都局限于控制者视线范围内，相较我心目中的自动遥控装置而言，它们不过是个相当粗糙的雏形。

接下来要做的，就是对其进行改进，将装置的控制范围扩大到视线之外，使其在远离控制中心的情况下，依旧能够实现遥控运作。后来，我一直主张将这项技术运用到战争之中，一定会比枪炮更具威力。人们似乎开始意识到这项技术的重要意义了。我在报刊上看到了一些人就这一领域展开的研究，他们宣称自己发明了一些特别的东西，但实际上并非全新的创意。我承认，我的这项发明还没有达到完善的地步，但已经可以投入实际使用。例如，只要与现有的无线设备相连，就可以控制飞机起飞，使其大致沿某一路线飞行，并在数百英里外执行任务。这项技术还能提供另外几种机械控制的方法，我相信这一定会在战争中派上用场。但据我所知，目前还没有哪项技术能够实现精准的控制。多年来，我潜心钻研这一问题，并实现了一定程度的改进。可以想见，在不久的未来，我对自动遥控装置的设想就能够实现。

前面提到，我在大学时就构想过一种飞行器，与现在的飞机有着很大差别。虽然我的构想有着坚实的理论基础，但缺乏能够将其付诸实践的强大动力。近年，我已经成功地解决了这个问题，正在设计一种没有机翼、副翼、螺旋桨及其他外部配件的飞行器。这种

创新：特斯拉传

飞行器拥有极高的飞行速度，或许会在不久之后面世，为人类的和平事业做出无与伦比的贡献。杂志的第 108 页刊登了一张飞行器的图片，它的续航和驱动依靠反作用力实现，支持机械控制和无线遥控操作。配备一定的装置后，它能将导弹发射到空中，精准打击数千英里外的预设目标。

我们的发明研究工作并不会止步于此。我们最终要实现的，是具有智慧的自动遥控装置，它的问世必将引发一场全新的革命。早在 1898 年，我就向一家大型制造企业的代表建议：设计一种自动装载装置，并进行公开展示。这种装置能够自动进行多种多样的操作，甚至能够进行某些判断。但他们认为我的想法过于荒唐，并未予以理会。

如今，可怕的冲突只是在理论层面上结束了。为了防止战争的再度爆发，许多世界上最有智慧的人正在竭尽全力地出谋划策。1914 年 12 月，我在《太阳报》上发表了一篇文章，就战争持续的时间和面临的主要矛盾进行了一番精准的预测。我并不认为目前正在讨论的国际联盟会成为一个多么有效的组织，它反而可能带来与预期截然相反的结果，不少有识之士也抱有相同的看法。

尤其令人感到遗憾的一点是，拟定的和平条款包含惩罚性的政策。毕竟用不了多久，国家间的战争将不需要动用军队、船只或是枪炮。那时使用的将是更为可怕的武器，它具备无法估量的破坏性和杀伤力，能够摧毁世界上任何一座城市，没有什么能够阻止它。如果我们想避免这样的灾难，避免地球沦为炼狱的惨剧，就应当动用全国的各种力量和资源，争分夺秒研制飞行器和无线能量传输系统。

第二部分 //

特斯拉的文章及演讲

我的童年

Tesla's Lectures and Articles

亲爱的福蒂奇[1]小姐：

我已经将1939年的"南斯拉夫日历"转寄给你了，这本日历上有我家乡的房子以及整个村庄的样貌。在一个奇妙的巧合之下，我出生在那里。那里承载了我儿时众多快乐与悲伤的记忆，我也在那里经历了众多奇异的冒险。6月那一页上的照片，是一座叫作博格丹尼奇的小山，绿树葱郁的山脚下有一栋老房子，旁边有座教堂，小山后面，稍远的地方是一片墓地。离我们最近的邻居也住在两英里外。到了冬天，这里会积上六七英尺的雪，俨然成了一座孤岛。

母亲每天从凌晨4点忙到晚上11点，似乎永不疲倦。从凌晨4点到早餐时间的6点，全家人依旧酣睡，我则早早睁开眼睛，看

---

[1] 即宝拉·福蒂奇，时任南斯拉夫驻美大使康斯坦丁·福蒂奇的小女儿，特斯拉晚年的女友。

着母亲愉快地干着那些她强加给自己的工作,动作迅捷,有时甚至一路小跑。她指挥仆人照顾家中饲养的所有牲口,给奶牛挤奶,处理各种杂务,布置餐桌,准备全家人的早餐。直到她将早餐端上餐桌,全家人才陆陆续续地起床。

早餐后,全家人都充满了干劲,像是受到了母亲的感染。所有人都沉浸在忙碌之中,感受着努力工作带来的满足感。不过,其中最开心的莫过于我了,我的快乐来自家中那只出色的公猫马察克。我敢说,世上再没有比它更好的猫了。真希望你能明白我和它之间有着怎样深厚的情谊,即使在神话和史书中,你也不会找到像我和它一般亲密的存在了。可以毫不夸张地说:我们生存的意义,就是彼此。

不管我到哪里去,马察克都会紧紧跟随。一旦出现危险,它就第一时间冲上来,弓起后背,让自己看起来有平时的两倍那么高。它的尾巴如铁棍般直直竖起,胡须如钢丝般紧绷,嘴里发出愤怒而狂躁的低吼。它那副恐吓的模样,会将惹怒它的任何人或动物吓得落荒而逃。

每天傍晚,我们都会玩一个游戏:我会从家里跑出来,顺着教堂的墙边一路狂奔,而它紧追不舍,最后抓住我的裤子,假装要来咬我。但只要它那尖利的牙齿扎进衣服,它就不再用力,只是用牙齿轻轻地碰触我的腿,那感觉就像是蝴蝶轻柔地停在花瓣上一般。

它最爱和我在草地上打滚,每次都兴奋地又抓又咬,嘴里发出咕噜咕噜的满足声,开心得不得了。我被它彻底迷住了,也学着它的样子又抓又咬,发出咕噜的声响。我们开心得根本停不下来,就这样一直滚来滚去。只要没有下雨,我们就沉浸在这项迷人的运动

创新：特斯拉传

中，享受狂欢的乐趣。马察克最讨厌的，莫过于水。一旦遇到水，为了不弄湿爪子，它就会蹦起三尺高。所以每到下雨天，我们就待在家中，窝在一个舒服的角落里玩耍，完全忘却身外之事。

马察克身上非常干净，没有任何虱子或小虫，也不怎么掉毛。我后来接触的那些猫所具有的令人反感的特征，都没有出现在它的身上。它如果想在晚上出门，会来温和地征求许可，回来时则会以轻柔的挠门示意。

接下来，我要和你分享一段奇特而难忘的经历，它影响了我的一生。我们家的海拔大约 1800 英尺，冬季尤其干燥。不过有时会从亚德里亚海[1]吹来一阵持续很久的暖风，融化积雪，淹没土地，造成巨大的财产和生命损失。裹挟着残骸的河水在冬日里奔腾，摧毁一切阻挡其脚步的事物。年少的我时常目睹这一恐怖的场景，为了缓解由此而来的巨大精神压力，我只得不断地回忆美好的事情。即便是现在，每当想起洪水过境的残酷景象，我就会听到轰隆的河水咆哮之声，那些裹挟着残骸的疯狂水流就会生动地出现在我眼前。这让我感到悲伤与沮丧。但总的来说，关于冬天的回忆还是快乐的，毕竟干燥寒冷的气候和洁白无瑕的雪花，都是我所喜爱的。

事情发生在一个比任何一天都要寒冷干燥的冬日。人们如果走过雪地，就会留下一串清晰的脚印。雪球一旦砸中了什么东西，就会如同被刀敲碎的糖块一般四散飞溅。那天傍晚，我正抚摸着马察克的背部，一个令我震惊到无言以对的奇迹发生了：马察克的背部

---

[1] 地中海北部海域。位于南欧亚平宁半岛和巴尔干半岛之间，南以奥特朗托海峡与伊奥尼亚海相通。

瞬间成了一张闪着光的毯子,我的手上则出现了一连串火花,整个房子里响起了噼里啪啦的声音。我的父亲非常博学,能够解答所有问题。但他也是第一次看到这样的现象。最后,父亲还是无所谓地表示,那就是电而已,和雷雨天劈到树上的闪电是一样的。母亲却激动起来,连忙对我说:"不要和猫玩了,万一它以后让家里烧起来怎么办!"我的想法则十分抽象:自然会不会是一只巨大的猫?倘若如此,那又是谁在抚摸它的背?那一定是上帝吧——这就是我做出的论断。你或许知道帕斯卡[1],那位天才不到6岁时便已引人瞩目。但你知道吗?那时,我仅仅3岁,就已经开始进行哲学思考了!

你恐怕无法想象,那个奇特的景象究竟给我幼小的心灵带来了多大的影响。此后,我日复一日地思考:究竟什么是电?但始终没有找到答案。如今,80年过去了,我依旧在思考这一问题,依旧没有找到答案。那些伪科学家会表示他们能够给出解答,但千万不要相信。如果他们知道,我就不可能不知道;第一个找到这个问题的答案的人,一定是我。要知道,我所进行的研究和实验肯定远远超过他们,而且我的人生经历涵盖了整整三代的电学研究。

有了马察克令人愉快的陪伴和永恒的友谊,我的童年本应开开心心地度过,但一个强大、无情,与我们势不两立的敌人的出现,打破了这一切。那是一只公鹅。它简直是个丑陋无比的怪物,有着鸵鸟一样的脖子、鳄鱼一样的嘴巴,那双狡猾的眼睛里不时流露出智慧与

---

[1] 法国数学家、物理学家、哲学家。幼时便表现出极高的数学天赋,16岁提出圆锥曲线内接六边形其三对边的交点共线这一定理(后称帕斯卡定理,是射影几何中的重要定理之一)。

创新：特斯拉传

理解的神色，就像人一样。我曾向它身上扔鹅卵石。这一愚蠢而鲁莽的行为激怒了它，也让我后悔莫及。事实上，我很喜欢动物，很喜欢给家中饲养的鸽子、鸡等家禽喂食，不时还会抱一两只在怀里爱抚。唯独那只公鹅对我充满了敌意，一看到我进入饲养场，便对我发起攻击。它会死死地叼住我的裤裆，使劲地摇晃。等我好不容易逃出它的攻击范围，它就像打了胜仗一样，拍打着巨大的翅膀，伸着脖子高声鸣叫，引得其他的鹅也一同引颈高歌，如同胜利的号角。

我有两位姑姑，她们在我长大后，经常给我讲我小时候的事。其中一位叫维娃的姑姑，长着两颗象牙般突出的龅牙。她对我十分疼爱，常常深情地亲吻我的脸颊，这时，那两颗龅牙就会深深地埋进我的脸。我疼得大哭，她却以为我这是在表达高兴，反而更加用力，那两颗牙也埋得更深了。但和另一位姑姑相比，她简直可爱多了。另一位姑姑的名字甚至早已被我遗忘，她最喜欢将嘴唇贴到我的嘴巴上吮吸，持续不断地吮吸，我险些喘不过气，不得不用尽全力挣脱她。两位姑姑很爱向我提出各种问题，以此取乐。我还记得几个：

"卢卡·博齐克可怕吗？"

"不可怕。"这个人总是拿着枪威胁别人，可每次他抢了其他小孩的钱，都会给我。

"那头牛可怕吗？"

"不可怕。"那是我家养的一头奶牛，性格非常温和。只是有一天我突发奇想，从栅栏上一路滑到它的背上，想骑着它兜风，结果它受惊了，嘶吼着把我甩了下去。但我并不觉得那是一次多么糟糕的体验。

"那匹坏狼可怕吗?"

"不,不可怕。"我曾经在教堂外的森林遇到了狼,那时,它直勾勾地盯着我,慢慢地朝我靠近。我早就知道怎样对付狼,便向它大吼。它被我的吼叫镇住了,只得缓缓小跑离去。现在,我依旧能够清晰地回忆起当时的情景。

问了一连串相似的问题后,姑姑们又问我:"那只公鹅可怕吗?"

"可怕,太可怕了!"我强调说,"我最怕的就是它了!"我对这只公鹅的恐惧,是有原因的。在某个夏日,妈妈给我洗完凉水澡后,就让我光着身子在屋外晒太阳。可当妈妈一回屋,那只公鹅就突然发现了我,对我发起了进攻。它知道啄哪里最疼,于是就猛烈地攻击那里,差点将我剩下的脐带全都拽了出来。还好妈妈及时赶到,制止了它的进一步攻击。她告诉我:"你可要牢牢记住,如果你惹怒了一只公鹅或者公鸡,就永远不可能和它友好相处了。只要它还活着,就会一直和你战斗。"

但有时,我依旧可以开开心心地去家禽场玩耍——那只公鹅会定期带领鹅群飞去小溪和草地。在那里,它们像天鹅一样在水中嬉戏,有时还能找到食物。只要它们不在,我就可以喂食、抚摸鸽子和其他家禽,包括那只对我有好感的漂亮大公鸡。晚上,公鹅会带着鹅群回来。它们在房子上空盘旋几圈,然后吵嚷着落下来。我其实很喜欢看鹅群在天空飞翔的样子,观赏它们凯旋的架势,也算是一种难得的享受。

(本文是1939年作者在纽约人酒店写给宝拉·福蒂奇女士的信)

电气时代的进步
Tesla's Lectures and Articles

我一般没什么在观众面前进行演讲的勇气，因此，就算不考虑举办这场活动的原因，今晚的经历对我而言也是非常新奇的。虽然我有过几次非常成功的演讲，但我很清楚，那并不是因为我有多么善于表达，或者我的演讲能力有多高超。这些令我颇感荣幸的邀请带给我强烈的责任感，战胜了我对自己能否成功完成交付的任务的忧虑。说实话，通常——甚至现在，站在这里演讲的时候也是如此——我总觉得大脑中塞满了想法，但当我想要表达出来时，那些想法竟莫名其妙地消失了，仿佛是它们主动逃跑了一般，将我狠狠地抛弃，让我独自面对现场的冷漠与沉默。我已经看到了你们失望的表情，从中读出了你们对自己的错误选择的深切悔意。

各位，我说这些并非是有私心，希望通过暴露自己的短处来博得你们的同情和宽容，而是在真诚地表达我深切的歉意。没能让大家收获一场精彩的演讲，我感到非常抱歉。这番话大概并不能像那些迟到的演讲者调节气氛的言论一样，给观众带来愉悦和享受。我真希望自己拥有出众的演讲天赋，能够称颂电学这一划时代的学科，宣扬电学史册中那些了不起的成就，赞美伟大的"电气时代"——之前的一位演讲者是这样形容的——和我们今天庆祝的伟大事件。虽然我的能力尚有不足，但希望在今天这一形式和内容都仍有欠缺的演讲中，各位能从我提及的部分观点和事实中，获取一些有趣、实用且恰如其分的内容。

各位，最近有众多堪称人类智慧进步的标志的成果问世，对于那些衷心希望人类能实现进步、得到幸福的人而言，这无疑是种安慰。

首先要提到的是，借助显微镜和精密的电子仪器，我们能对人体的各种器官和感官的性质进行研究。特别是那些直接与外界进行信息交换、向我们的意识传送知识的组织，其确切结构和运作方式已被我们知晓。它们符合简单而完备的物理原理和定律。通过实际的观察，我们证明了已知的事实的真实性和得到的知识的正确性。比如，我们对于物体形状的认知来源于光沿直线传播这一事实，正是基于这一事实，我们得出透镜所成的像是与原本的物体十分相似的。这让我得出如下结论：人类几乎所有的知识都基于这一简单的事实，毕竟所有的观点或概念——也就是所有的知识——都是在视觉印象的基础上形成的。但如果光并非沿直线传播，而是遵循我们尚未发现的其他规律，那么不但我们看到的图像会偏离物体原本的

创新：特斯拉传

形象，还会出现同一物体的图像因时间和距离的不同而变得大相径庭的情况。这会使我们的知识出现严重缺陷。比如，三角形在我们眼中可能呈现为六边形或十二边形。一旦我们了解了自身器官的结构和运作方式，就不会怀疑我们见到的事物的真实性，也就能永远排除那些不合理的推测和怀疑。

还有另外一个令人欣慰的现象：如今，我们取得各类进步的频率越来越快，进步的规模也越来越大，这完全符合运动的基本定律。运动是在持续的作用力和趋势下产生的，它要求存在加速度，以及动量的增加或能量的积累，会随着摩擦力和减速度的减小而更加稳定。进步，或者更确切地说，发展或进化，如果说我们因为它确实具备的无限复杂和通常不可观测的特点，而否认这是一种运动，那么又该如何解释它在数量和性质上都受自身的物理性质和客观规律决定的现象？近些年来艺术和科学领域广泛出现的迅速融合现象便是当今发展特点的最好体现。这一现象打破了众多长期以来的限制，它们就像一堵堵墙，将不同的研究部门严格地分隔开，而这在几年前简直是不可逾越的。我们的大脑中正形成这样一种感觉：这些有着显著区别的力量和现象之间存在着联系，因此，我们能更深刻地理解自然这一整体。尽管这种感觉还不够清晰明确，却足以让我们相信，我们必然能在不久的将来取得巨大的成就。

不过，这些通常只会引起科学家、思想家和推理家的兴趣。另外一项成就会给我们所有人带来更大的满足和乐趣，它具有更普遍的意义，关系到整个人类的福祉。各位，现在有一种日渐强大的影响力，出现在人类活动的各个领域，影响着那些最富成效、最有益处的环节——这就是大师的影响。当大师渴望成为一名医生、工程师、机械师、电工，而非数学家、金融家时，人类会迎来幸福的日子，因为他带来了我们所见的一切奇事和壮举。他废除了那种使心怀抱负的学生沦为苦力的迂腐、狭隘的学校教学模式，让学生们能够自由选择学习科目，从而走上适合自己的发展方向。

那些热衷于批评的人认为这是一种不对称的发展，一种偏离常态的堕落，甚至是一种整个种族的衰退。然而，他们的想法大错特错。这是一种可喜的状态，一种幸事，一种明智的分工，是进步最为有利的条件。这使一个人能专注于某一领域，探寻某一特定的真理，即便他丧命于神圣的火焰之中，还能有成百上千天赋较低的人跟随他的足迹继续前进。如今，决定进步程度的不再是工作的数量，而是工作的质量。

正是那些大师，唤醒了那种广泛的博爱精神，即使在生命的晚期，这种精神也在高尚的改革者和哲学家身上闪耀。在这种精神的影响下，人们在各种领域和岗位上的工作并非为了获取物质层面的利益或报酬——尽管理性可能要求他们这样做——而是更多地为了取得成功，为了成功后的喜悦，为了给后继者铺平道路。正是在这样一群人的带领之下，形形色色的人不断前进着。他们怀揣对自己的工作领域的深切热爱，创造着各自领域内的奇迹。他们的目标和快乐是知识的获取和传播，他们的眼光超脱世俗，他们的旗帜是精益求精！各位，让我们向大师致敬，感谢他们的付出，为他们的健康干杯！

创新：特斯拉传

在令人享受和振奋的现代智慧进步中，电学和电学研究的发展起到了最为有力的推动作用。电学揭示了光的真实性质，为我们提供了各式电器和精密的设备，从而极大地提升了我们的认知准确性。电学揭示了不同的力和现象之间存在的更为密切的关系，使我们对自然和自然在我们的感官上的各种呈现有了更全面的理解。电学的巨大魅力，在实现巨大成就上的意义，在人道主义层面上的奇妙可能性，更牢牢地吸引着大师的注意力。还有什么能比这一尚未得到发展，几乎是一张白纸的领域更能给自己的同胞带来益处呢？这就像身处寂静的森林，每一声呼喊都会得到千百声回应。

这些令人欣喜的成就，这些令人振奋的前景，使我们对未来充满了希望，而非忧虑或恐惧。悲观者总是面带焦虑，不时在你耳边低语，各国正在秘密武装起来——甚至到了牙齿，战争早晚会爆发，将世界全都毁灭。然而，他们忽略了一种默默无闻、持续不断、不可撼动的力量——对于和平的期望和呼唤！

大师以他们的真诚之心引导人类的灵魂朝着更为高尚的目的地前进，使我们对冲突和杀戮深恶痛绝；工程师架起能够跨越地理阻隔的桥梁，为不同人类群体间的沟通与平等提供了良好的条件；机械师制造出高效节能的各类电器，不断完善飞行器的设计，让它们不再是投掷炸弹的工具，而是便捷的交通旅行媒介；化学家开发的新型资源会使生活变得更加安全、愉悦；电气工程师则把和平的信号传递到世界的每一个角落。

用不了多久，那些将自己的聪明才智用在发明速射枪、鱼雷以及其他武器上的人——他们总是信誓旦旦地表示，这是为了爱与人类的福祉——会发现人们不再接受他们那些可恶的工具。那时候他们才会意识到，如果当初他们将才干用到其他领域中，那一定会得到更多的收获。很快，这样的呼声就会在全世界回响。

各位，让我们共同反对强权者的高压手段，反对危害进步的野蛮主义残余！无畏的战士们应该有更好的机会展示他们的英勇，而非沉沦于杀戮同胞的快感中！让他们夜以继日地努力，尽管机会渺茫，仍永不退缩地奋勇直前！让他们不畏艰险，向高空与深海发起挑战！让他们直面瘟疫的恐惧、沙漠的炙热、极地的冰寒！把你的精力转向那些再普通不过的危险和隐患，躲避那些潜藏在周遭生活中的敌人。威胁可能来自你呼吸的空气、你喝的水、你吃的食物。

这并不奇怪，也并非耻辱。人类，作为世界上发展阶段最高的生命，拥有强有力的思想和行动力，是地球的主宰，可我们的命运却依旧受那些看不见的敌人摆布。我们应该仔细分辨，我们的食物和饮用水，究竟会带来幸福和生命，还是痛苦和灭亡。

下面，我们还是转入一个较为轻松的话题好了。

我在前面已经提到了不同的学科或研究部门的融合，以及有着显著区别的不同力量和现象之间存在的联系。在一位大胆的先驱者的努力下，我们已经知道了光、热辐射、电和磁作用这些不同的现象间是有着多方面紧密联系的。化学家认为，电会引起物体的结合或分离。医生和生理学家会告诉你，生命的进程与电有关。如今，电学获得了大量的关注，这样的一个时代完全可以称为"电力时代"。

创新：特斯拉传

我很想在这里将电究竟是什么向各位阐释清楚，但我依旧要遵循一位伟大而可敬的哲人的做法，不会从纯科学的角度对电加以解释。

还有一个更为有力的原因，这便是近年来电学的所有分支领域的巨大发展，以及对其他科学和工业部门的影响。为了对此加以说明，我只需要提到蒸汽机和内燃机。半个多世纪以来，蒸汽机满足了人们的无数需求。它出现在不同的场合，进行多样化的工作，也由此产生了各种不同的机型。绝大多数情况下，摆在工程师面前的并不是如何将尽可能多的热能转化为机械能这一理想化的问题，而是在更为具体的情况下，如何以最合适的方式获得机械能。

事实上，活塞的往复运动并不方便投入实际应用。极少数情况下，可以将活塞与曲轴相连，使其进行旋转运动。这一方案相对更为合适且可取，但依旧存在众多的缺陷。直到不久前，工程师如果想转换和传递活塞的运动，依旧没有比这种刚性的机械连接更好的方法。近几年，电动机以其优异的性能吸引了工程师的注意。这种传递机械运动的方式要简单得多，也更为经济实惠。如果再连接上一台发电机，这组设备就可以满足绝大多数的使用需求，人们就没有必要为了满足不同的需要而制造不同功能的机器了。

现在，工程师们的任务是投入全部精力，制造出一种最为完美的机器——这种机器性能最佳、普遍适用，且符合即将到来的电气时代的需求。这一研究的最早成果有力地推动了往复式高速发动机和涡轮的发展。后者虽然实际应用的范围相对有限，但在一定程度上有助于将发电机与电动机相连接这一设想的实现。然而，前者虽然在很多细节上得到了改进，但并未发生根本性的变化，依旧具备一系列缺点和局限性。为了尽快消除这些问题，我们正在持续完善一种新型电动机。我们去掉了其中包括填料装置、给油器及其他附件在内的所有调节装置，使其能够保持更高的运转效率——工作液的膨胀速度非常之快，且内壁上的热能损失极小。对于这种机器的未来发展，我充满了信心。

电灯和电能的商业化应用同样深刻影响了内燃机和爆发内燃机，这一现象在近几年尤为显著。在内燃机的更高能效吸引下，越来越多的工程师开始将精力转向这个方向。现在，他们正在制造规模更大的电动机，对其结构进行不断改进。一种全新的、更适合电气时代的机器正飞速发展。

在其他的许多制造业和工业领域，我们能更加强烈地感受到电学的发展带来的影响。各种类型的金属制品，特别是化学产品的制造，就是其中一个很好的例子。电焊金属虽然存在着一定的浪费，但已经成为一种被广泛接受的技术形式。电学的发展无疑为金属板和无缝钢管的生产工艺改进提供了很大的空间。我们正逐渐步入利用电熔和电还原技术提取并加工金属的时代，其中的任何一个领域都有机会取得重大成就。同样，将普通供电电流转化为更经济高效的高频电流的技术，为人类创造出新的可能。比如大气固氮技术，以及氨、硝酸、硝酸盐等氮的化合物的生产，都是建立在这种新发展的基础之上的。

高频电流给人类带来了更经济的照明方式，我们可以使用磷光灯泡或灯管，提供任何烛光亮度的灯光。加上电力线路领域取

创新：特斯拉传

得的其他进展，我们很高兴地发现，近些年取得的各项飞速进展已远超过我们最为乐观的预期。这些成果本来应该由评论家进行列举，但我还是要在这里提起莱纳德[1]和伦琴[2]的发现。尤其是后者，他的发现在科学界引起了如此强烈的反响，甚至使我们一度忘记了德国的林德[3]所取得的成就——他通过不断冷却，实现了工业生产规模的空气液化。另外，不得不提发现氩元素的瑞利勋爵和拉姆塞教授[4]，以及在低温物理研究领域做出开拓性贡献的杜瓦教授[5]。

在这里，我还要无比骄傲地介绍美国在这一领域的科学发展中做出的巨大贡献。在向其他国家的工人，和那些出于职业或个人爱好而投身艰苦的科学研究工作的人们致以敬意的同时，我们更有理由感谢那些为我国电气工业领域的发展做出巨大贡献的科学研究者。贝尔[6]发明了能够将我们的声音传递到远方的装置，这项令人

---

[1] 德国物理学家。此处指他的阴极射线研究成果。他对阴极射线的研究为 X 射线的发展奠定了基础，他也因此获 1905 年诺贝尔物理学奖。

[2] 德国物理学家。此处指他 1895 年发现并深入研究 X 射线，他也因此获 1901 年诺贝尔物理学奖。

[3] 德国制冷工程师，低温实验学家，制冷低温科学的奠基人之一。此处指他 1895 年利用焦耳-汤姆逊效应和逆流换热原理发明空气液化装置。

[4] 英国无机化学家。1894 至 1898 年间和瑞利等合作，先后发现氩、氖、氪、氙和氡等元素，并确定了它们在元素周期表中的位置，因此获 1904 年诺贝尔化学奖。

[5] 英国化学家、物理学家。1892 年发明利用真空作为绝热壁，以防止热量进入或散失的容器"杜瓦瓶"。1899 年完成氢气的液化和固化研究，并实现了 -260℃ 低温环境的制造，为后人研究低温现象提供了条件。

[6] 美国发明家。生于英国爱丁堡，后移居加拿大，再移居美国。1876 年发明电话。

敬佩的创造不仅影响了商业模式,更改变了我们的生活。爱迪生仅凭早年发明的白炽灯,就足以成为这个时代最伟大、最令人感激的人。威斯汀豪斯[1]创立了商用的交流系统。布拉什[2]是弧光照明的先行者。汤姆森[3]带来了第一台可投入实际使用的电焊机,他以敏锐的嗅觉,为科学和工业领域的数项发展做出了重要贡献。韦斯顿[4]曾在发电机的设计上领先世界,如今则在电子仪器的制造领域处于领先地位。史伯格[5]解决了有限能源条件下的铁路电气化问题,并使其投入实际使用。还有艾奇逊[6]、霍尔[7]、威尔森[8],以及其他开创具有革命意义的全新产业的人们,都值得我们关注。如今,这些天才人物的工作尚未完成,还有许多的问题需要他们解决。不过值得庆幸的是,他们中的大部分依旧对自己的事业抱有十足的热情和

---

[1] 美国发明家、实业家。1868年发明空气制动机。1869年建立西屋电气公司。他率先将高压交流电引入美国的输电系统,打破了直流电的垄断局面。

[2] 美国工程师、发明家、实业家、慈善家。设计出为弧光灯供电的发电系统,并对弧光灯设计进行一系列改进,推动弧光灯的商业化应用。

[3] 美国工程师、发明家。生于英国曼彻斯特,后移居美国费城。与埃德温·J.休斯敦共同创立汤姆森-休斯敦电器公司,1892年与爱迪生通用电气公司合并为通用电气公司。发明弧光照明系统、交流电动机、高频发电机等,拥有超过700项专利。

[4] 美国化学家、工程师。出生于英国什罗普郡,后移居美国。他发现了康铜和锰铜两种合金,发明了电压表、电流表和瓦特计,奠定了现代电流测量仪器的基础,拥有超过300项专利。

[5] 美国发明家,海军军官。为电动机、电气化铁路和电梯的发展做出重大贡献,被誉为"电力牵引之父"。

[6] 美国化学家。发明了大量合成碳化硅的艾奇逊法,此法至今仍用于碳化硅和石墨的制备。

[7] 美国发明家、工程师、实业家。因发明了价格低廉的制铝方法霍尔-埃鲁法而闻名。他的部分遗产被捐出,用于创办哈佛燕京学社。

[8] 加拿大发明家。发明了经济有效的碳化钙制备工艺。

创新：特斯拉传

活力。

当然，除他们的工作外，还有更多的事情等待人们去着手推进，还有更多的人在不知疲倦地研究新的领域，开辟前景广阔的未知天地。每一周——如果觉得每天太短的话——我们都可以从杂志上了解到在未知的领域内取得的全新发现。每一个新发现都标志着离成功更进一步，也推动辛勤的人们向更加艰苦的任务发起挑战。

在这些迅速发展的众多研究部门及各类新旧分支中，发展最快，也最为重要的，非电能传输莫属。对于人类的舒适、安宁，更不必说生存而言，它都具有颇为重要的意义。现在我们正在进行的这场纪念尼亚加拉水电站落成的庆典，在多年后，一定会成为一座人类文明的纪念碑——它象征着人类历史上一个光辉的新时代的来临，那是比蒸汽时代更为伟大的时代。过去我们建造了大量的纪念碑式的建筑，如宫殿、金字塔、希腊神庙、基督教堂。这些建筑所展示的，是人类的能力，是国家的强大，是对艺术的热爱和对宗教的虔诚。

尼亚加拉水电站完全不同，它更符合我们如今的思想和倾向。这是一座真正象征科学时代的纪念碑，代表着启蒙与和平。它标志着自然的力量屈服为向人类提供服务的设施，标志着野蛮行为方式的终结，标志着千百万人脱离贫穷与苦难。无论在什么领域，无论想要做什么，我们都离不开能源。虽然经济学家可以设计更经济的资源管理与利用体系，立法者也可以制定更明智的法律条约，但都不能从根本上解决问题。要想彻底解决贫困问题，要想满足每一个人作为智慧生命的安全生存需求，我们便需要更多的机器和能源。所以，最基本的问题还是能源。只有拥有足够的能源，人类才能过上更加幸福的生活。当然，除了那些罪无可恕的罪犯——那些毫无贡献之人。

城市的发展和富足，国家的兴盛，整个人类的进步，其实都取决于能源。想想英国称霸全球的征程吧，那简直是史无前例的。我们暂且不谈其中的种族因素——虽然这一点也非常重要——他们征服了这个世界，是因为有煤炭。他们用煤炭冶炼自己的铁器，也用煤炭实现照明和供暖；煤炭驱动着他们蒸蒸日上的生产车间，也驱动着他们无往不利的征服舰队。

但煤炭的储量毕竟是有限的。煤炭的储量越来越少，开采煤矿的劳动力却越来越贵，对煤炭的需求量更是不断攀升。我们都明白，面对这样的局面，我们需要尽快开发全新的能源，或者至少要对现有的能源供应方式进行实质性的改进。现在，人们希望实现对碳性电池中储存的能量的更充分利用。这一想法一旦获得成功，必然会被视为一项极其伟大的成就，但这样的方式并不像某些工程师认为的那样，是实现获取能量的终极和永久方法的过程中的一大进步。为了使能源供应方式更加经济、便利，我们不得不采用由各个中央电站进行统一供电的系统。这样一来，机械发电的优势可谓显而易见。如今，这种方法已经得到了如此广泛的应用，其优势又如此显著，因而在我看来，电池几乎不可能有取代发电机的一天。何况，高压蒸汽机和内燃机已经提供了一种相当经济的热力学转化的可能。即使我们发明一种更经济的煤炭电池，也

创新：特斯拉传

很难将其引入中央电站系统，毕竟这可能带来一系列的不便和缺陷。

在这种系统中，煤炭很可能无法像在锅炉中那样以自然形式燃烧，我们需要进行若干环节的准备，以确保产生均匀的电动势。机器的清洗和更换，废液废气的处理，以及能够容纳这么多电池的巨大空间，这些都使得在城市或人口稠密的地区经营这样一家以盈利为目的的工厂变得相当困难。如果电站建在郊区，通过旋转变压器或其他方式进行的电力转换将受到严重而不可避免的阻碍。此外，各种必备的调节设备和附属设施可能会使它像现在的电站一样复杂，甚至更胜一筹。当然，我们可以把电站设在煤矿或煤矿附近，借助旋转变压器向外传输高压交流电形式的电能。但即便是这种最为可行的方案，传输的效率依旧十分有限，甚至逊色于现在的电站，且仍然涉及资源的消耗。这使工程师和机械师的艺术性创造形同虚设。至于向小规模且独立的地区，如个人住宅输送电力的情况，我对光能蓄电池以及碳性电池、氢氧电池等使用廉价水力的化学产物的电池的应用和发展充满信心。

我们不能只是满足于改进蒸汽机和内燃机，或者发明新型电池；还有更有意义的工作和更重要的任务等待着我们。我们需要获得取之不尽、用之不竭的能源的方法，需要避免资源的消耗和浪费的方法。我在很早之前就意识到这一问题对于人类的重要意义。这一问题的实际解决将对人类的发展产生深远的影响。这几年来，我都致力于此，已经想到了不少好主意。这些令人激动的想法激励我向那些最为困难的问题发起挑战，给处于逆境中的我带来勇气和力量。

大约在六年前，我的信心变得足够强大，感到自己一定能够最终找到这个问题的解决方案。在此之后，我不断地在这一问题上取得实质性进展，已然度过了那个只能靠对已知事实、结论和数据的分析研究获取信念感的阶段。现在我确信，这一想法很快就能成为现实。

但正因如此，我认为有必要在这里指出一个重要的事实，希望各位记住这一点。为了检验我提及的发明的可行性，我花费了大量的时间，对利用上述介质启动位于地球上任意位置的发动机的可能性进行了考察，结果发现，即便是在最为理想的理论条件下，利用煤炭来获取能源的方式也无法与现行的其他能源获取方式相提并论，在经济、便捷等方面都明显逊色。相较之下，将流水机械能转化为电能，并通过高压电流的形式进行传输的方式，有着更明显的优势。假如我们能够对高压电流进行有效的利用，那么瀑布将成为我们从太阳获取能量的最有效手段。这让我意识到，水力将在未来发挥非常重要的作用，比起商业上的巨大价值，更重要的是它关乎我们的安全与福祉。我很高兴地看到，我为后者做出的努力也没有白费。我设计了一种电能转化方式，能够在电力传输过程中产生比常规设备更高的电动势。事实上，这一领域的进步给了我新的希望，我相信我将看到自己最美好的梦想之一成为现实——我们将在没有任何线路连接的情况下，实现不同站点间的电力传输。但需要注意的是，不管最终采用什么样的能量传输方式，靠近能源产地依旧会是一项重要的优势。

创新：特斯拉传

特斯拉测试高压电流

各位，或许在你们许多人眼中，我的这些想法简直是天方夜谭。但请相信，它们是我在长期持续的思考和工作中得出的论断。如果像我一样，将自己的一生奉献给这些领域，你就能得出更为公正的结论。有了这样的想法后，你要做的就像攀登高耸的山峰：刚开始你会感到不适，头晕目眩，想要立即下山，不相信自己有能力攀登上去；但是不久之后，喧嚣生活的远去和海拔的逐渐攀升会使你的内心平静下来；你的脚步变得坚定，开始向更高的地方发起挑战。

我试图向诸位讲清楚"电力"是什么，它是如何发展的，又具有怎样的影响力。可我却担心自己的说明会像一个试图用几条直线进行绘画的小男孩一般无力。但在整个演讲的过程中，我至少努力说清了它的一个特点，我相信这一点能引发你们心中的回应，这也是我的演讲中最有价值的内容：人道主义。在尼亚加拉的这项伟大事业中，我们看到了工程和商业领域中颇有胆识的一大壮举，更看到了真正的科学精神和伟大的仁慈之心，它们指引人类向着正确的方向迈出了一大步。尼亚加拉的成功，是全世界水力发电应用的一个信号，将对工业发展和人类进步产生不可估量的影响。我们应为这一伟大成就感到由衷的喜悦，应怀着最为诚挚的心情来祝贺这些勇敢的先行者所取得的成就，感激他们的付出。

我们很高兴得知布法罗[1]的市民对这一项目的友好态度，也很荣幸得到加拿大政府的鼎力支持。希望美国的罗切斯特[2]、加拿大的哈密尔顿[3]和多伦多[4]等城市也能积极仿效布法罗的做法。如今的布法罗拥有无与伦比的资源、卓越的商业设施，以及富有激情和进步精神的市民，它一定会成为世界最大的工业中心之一。

（本文是1897年1月12日，作者为庆祝尼亚加拉水电站的落成，在艾利考特俱乐部发表的庆典演说词）

---

[1] 美国纽约州西部港口城市、湖港，位于伊利湖东岸，是纽约州的第二大城市。
[2] 美国纽约州西部工业城市、湖港，位于安大略湖南岸。
[3] 加拿大安大略省港口城市、钢铁工业中心，位于安大略湖西岸。
[4] 加拿大最大城市，安大略省省会，位于安大略湖西北岸。

电气时代的未来
Tesla's Lectures and Articles

许多没能实现抱负的发明家都会感叹自己时运不济，认为自己生在了一个所有工作都已经完成的时代，没有什么能做的了。在他们看来，随着人类的进步，发明创造的空间会逐步缩小，甚至最终消失。拥有这种观念的人，绝不在少数。

然而，事实和他们所想的完全相反。在电力领域的广阔未来面前，我们目前取得的成果简直无足轻重。除此之外，许多现在正在使用的老式方法，在经济性、便捷性等众多方面都远远比不上新式方法。后者的优势是如此显著，以至于工程师一旦获得机会，就会向自己的客户建议："将产品做成电气的。"

水能无疑为电力的新型应用，特别是在电化学领域的应用，提供了巨大的可能性。由于水和电都不可压缩，利用瀑布发电便成了从太阳获取能量的方法中最为经济的。水力发电的能量转化率非常高，能够达到85%。虽然前期需要投入大量的资金，但维护成本相当低，而且相当便利。所有的水力发电设施都在使用我所发明的交流电系统，至今已经产生了大约700万马力的电能。而每年煤炭发电的平均效率也不会超过每吨煤0.06马力。因此，这种水力发电设施每年能够产生的能量，相当于燃烧1.2亿吨的煤炭——大约是美国每年煤炭总产量的25%～50%。

但我们不能就此否定煤炭所具有的极大潜能。通常来说，我们对于煤炭的利用，是将其内部储存的太阳能转化出来，以满足工业和商业的各类需求。据统计，美国平均每年的煤炭产量为4.8亿吨。在完美的发动机中，这些燃料能够稳定地产生5亿马力的能量。但整个过程中存在着相当严重的浪费现象，以至于我们最终能够得到的能量只有不到5%。一个在煤炭开采、运输和产能开发等方面实现综合规划的电气计划能大幅度减少这种浪费。更重要的是，每年因质量较差而被丢弃的数十亿吨煤炭将有机会创造新的价值。

这样的计划同样可以用于天然气和石油，美国在这两个领域的浪费也带来了高达数亿美元的损失。在不久的将来，浪费将被视为犯罪，使用新式方法就将成为这两个领域的必然选择。这便体现了电力的广阔应用前景。

钢铁制造业是电力应用的另一重要领域。每生产一吨生铁，就要消耗一吨焦炭。美国由此产生的焦炭消耗量达到了每年约3100万吨。高炉产生的气体中，有400万立方英尺能够用于发电，可产生250万马力的电能。而制造焦炭的过程又消耗了4100万吨的煤炭，这一过程中产生的气体又能产生150万马力的电能。我曾就这

创新：特斯拉传

个产业的能量利用问题进行了大量的思考，发现可以开发一种高效、低价、结构简单的新型热力变压器，对这些气体中的热能加以利用。这样一来，我们便能获得不少于400万马力的能量；而现在的做法，则是白白地浪费了这些能量，或者只进行了少量而低效的转化利用。

我们可以对这一系统加以改进和完善，从而得到更好的结果，并获得不少于5000万美元的年收入。这些电力可以用于大气固氮和肥料的生产，以解决其中高昂的电力成本问题，促进生产与发展。我相信，这个项目必将取得成功，并期待着随之而来的电力领域迅猛发展。

未来，我们也许能够控制大气中的水分。那时，我们将能够从大海中取得无尽的水资源，开发任意规模的能源，通过灌溉和集约化农业彻底改变地球。这将成为人类应用电力的实践中最为伟大的成就。

电力传输目前面临的距离限制可以通过如下两种方式解决：使用绝缘的地下导线和引入无线技术。

这些先进的理念转化为现实技术后，我们便能实现对水能的充分利用。水能将成为我们的主要电力来源，为家庭生活及公共需求提供电力保障，满足和平时期和战时的各种需求。

电气化的船舶推进系统是另一个尚未有人涉足的广阔领域。目前，美国居于领先地位的一家电气公司已经率先为大型船只配备了高速涡轮机和电动机。新设备取得了巨大的成功，相信在不久的将来，这类设备就将在船舶业中得到普及。电力驱动的最大优点是不涉及专利问题，因而任何人都可以自由使用这项技术。陀螺仪也将在船舶设计中得到广泛应用，发挥重要的作用。虽然目前，工业和制造业中引入电力驱动技术的情况还较为有限，但它的前景是不可估量的。

我们能够发现许多讨论农业电气化的书籍，但很少见到实际的案例。不过，高压电的优势已经得到了明确证实，因而我们有理由相信，电气设备会在农业领域得到广泛使用，就此带来革命性的改变。未来，在合适的情况下，防范森林火灾，消灭微生物、昆虫、啮齿动物等，都可以通过电力完成。

不久的将来，我们会在安全保障领域看到许多电气化应用的情况，特别是在船只的海上安全方面。预防船只碰撞的电子仪器将投入使用，我们甚至可以利用电场和强力的穿透性射线驱散海面上的浓雾。我相信在未来的几年中，会建立起用于海上照明的无线电站。这个项目有非常大的可行性，一旦实现，将能够实现对海面船只、船员的生命和财产安全的更好保护，效果远远优于任何的制度或规定。该设备还可以产生稳定的电波，为船只随时提供精准的位置信息和其他有价值的数据，从而取代现有的数据观测方法。它还具有报时及其他类似的功能。

现今，电气照明和电气动力领域已经引进了众多新设备，为工业的发展带来了前所未有的机遇。时机适宜之时，可以将其接入电路，从而平衡负载并增加工厂的收益。我对这些新设备有一定的了解，其中最具意义的恐怕就是电力制冰机。作为一种没有操作风险、不涉及有害化学品使用的新型机器，它不仅操作简便，而且经济实惠，每个家庭都可以放心使用。

创新：特斯拉传

我还听说，一口电动喷泉已经投入使用。这种喷泉充满了趣味性，很可能得到广泛应用，成为广场、公园、酒店等公共场所的一道美丽风景。

我们还在研发面向家庭的各类烹饪用具，这一领域对实用的设计和改进有着很大需求。可以控制的电子标牌和各类具有宣传功能的电子广告牌也有很好的市场前景。一些奇妙的电流现象很适合在展览领域进行应用。显然，在这个方向上，我们还有很多工作要做。剧院、公共会堂、私人住宅等，都需要便利的设备和仪器，这就为富有创造力和实用精神的发明家提供了施展拳脚的广阔空间。

电报和电话也有着巨大的发展前景。新型接收装置的使用将大大提高设备的灵敏度，使得我们通过任何长度的架空电线或地下电缆进行通话时，都能将必要的工作电流控制到最小。这一发明将会大大加强各个领域中的无线信息传输能力。

下面我将介绍利用现有设备实现图像传输的全新技术。事实上，利用电报或电话进行图像传输的想法早已存在，但现实中的众多困难使其很难得到商业层面的推广。目前，我们已经进行了一系列颇有成效的实验，我们相信，很快就能获得实质性的成果。另外，能够实现声控输入的电子打字机也会是一项相当有价值的发明，这将解放操作员的双手，为商务办公领域节省大量的人力和时间成本，大大提高工作效率。

政府将出台许多以电力应用为基础的市政改善措施。街道、高架道路和地铁上将会配备烟雾净化装置，灰尘吸收装置，臭氧发生装置，水、空气、食物和衣物的消毒装置，以及事故预防装置。这些装置能在很大程度上降低人们感染细菌或受伤的风险。这样一来，乡下的人们也会选择到城市中休息和疗养。

电力在电疗领域也有巨大的应用空间，高频电流的前景尤为广阔。未来，每一个家庭都能实现高频电流的自由使用。传统意义上的洗浴甚至可能消失。只需将身体连接到一个电位非常高的电源上，附着在皮肤上的灰尘和其他颗粒就会因荷电而自然脱落，从而迅速实现身体的清洁。这种方式可以保持身体干燥，节约时间，还有益于健康。

在预防犯罪方面，电子设备将很快成为主要的力量。在法庭上，电子证据将是决定性的。不久之后，人们脑海中的影像便能实际投射到屏幕上，任何地方的人都可以观看。这样的思维读取技术必将引发社会关系的巨大变革，使我们的社会朝着更为美好的方向发展。但也极有可能出现利用该项技术犯罪的不法分子。

现在的国际冲突极大地刺激了破坏性装置和工具的发明。很快，电动枪便会问世——奇怪的是，这样的器械并未在历史上出现过。飞艇和飞机上将配备小型高压发电机，能够通过一条纤细的导线，向地面输送致命电流。战舰和潜艇上将配备灵敏的电磁系统，能够在水下或黑暗的环境中及时敏锐地探测到任何正在靠近的物体。鱼雷和漂浮式水雷将实现自动导航，即便目标已经超出了视线范围，也能精准地对其进行定位，并将其摧毁。在未来的战争中，自动遥控技术以及自动化无线操控技术必将起到决定性的作用。

这些装置就像是具有智慧一样，可能以任何的形式出现。它们可以具备飞机、气球、汽车、水下船只之类的外形，也可以根据特

创新：特斯拉传

殊情况和特殊需求，呈现其他任何形状。它们的打击范围和破坏力将超过现有的任何武器。我坚信，遥控空投鱼雷很快将淘汰现在还在大量使用的大型攻城炮。

（本文是作者于 1916 年 12 月 2 日出刊的《科利尔周刊》上发表的文章。）

无线传输的未来
Tesla's Lectures and Articles

运动中的群体抗拒改变方向，正如这个世界拒绝接受新的思想。人们需要一定的时间，来意识到新事物所具有的价值和重要性。守旧者的无知、偏见和惰性会阻碍它的早期发展，它会面临假意的倡导者和吝啬的剥削者，受到竞争对手的苛责与攻击。但最终，它将冲破所有阻碍，如燎原的烈火一样蔓延开，在这个世界上广泛传播。无线传输便是这样的新事物。

这一革命性原理刚刚步入实际应用阶段。目前为止，它只在那些通过介质时出现迅速衰减的振荡作用中得到应用。尽管如此，这一原理已经获得了广泛的关注。这种能够使波不会因传输距离的增加而产生损耗的技术，或许有些难以理解。

外行人或许会感到疑惑，为什么在这么远距离的传输中，电流都没有一点儿损失。原因其实很简单，这里所说的距离只是一个相

创新：特斯拉传

对的概念，是物理层面的限制在我们大脑中的体现。当我们讨论电现象的时候，必须从这种错觉中跳脱出来。有这么一个惊人的事实：一个弹珠大小的球体的导电性能要比地球差。这样一来，每一个使用这种球体进行的实验，都能够在我们生活的这个巨大的球体上实现，且会得到更好的实验效果。这并非是凭空的想象，而是在大量的精密实验中总结出来的真理。

如果地球受到物理性撞击，比如高强度地震，它就会像钟一样产生振动，其振动周期以小时为单位。如果地球被电流击中，其携带的电荷便会产生大约每秒 12 次的振荡。根据地球的直径，如果施加特定波长的电波，地球就会像一条电线一样发生谐振，产生驻波[1]，其波节和波腹可通过数学计算实现精准定位。

基于这一事实，以及地球的球体形状，我们很容易获得大量精准且极具科学价值和实用价值的大地测量等数据。通过观察这些奇异的现象，我们能够快速获得最精准的地球直径、形状、体积，以及地表各处的高度和深度。只需要一台电子设备，我们就能够精确测量地球上任意两点之间的距离。即便在雾气弥漫或者黑暗笼罩的情况下，我们也能够为船只提供最短或顺风的航线，并提供经纬度、时间、到任意点位的距离、实际航速和航行方向。这一过程中完全不需要使用罗盘或者其他任何的测向仪器或计时器。如果能合理利用干扰现象，我们就能够让波以所期望的任意速度在地球表面传播，

---

[1] 局限于某一区域内而不向外传播的波动现象，一般是频率相同、传输方向相反的两列波沿传输线形成的一种分布状态。其中振幅最大的点称"波腹"，最小的点称"波节"。波腹、波节的位置不随时间改变，振动能量只在波腹和波节之间来回转移，而不随时间传播。

在任意地点产生电效应，并借助最简单的三角定位法[1]确定其地理位置。

但这种远距离的电能传输并非一般意义上的"无线"，而是一种通过导体进行的传输。这种导体的性能远胜于任何的人造导体。传导的障碍通常来自狭窄回路中过低的电通量和磁通量。地球巨大的体积、空间上的独立以及形状的优越性，都使其成为最为理想的导体，不会受上面所说的那种阻碍影响。地球的单一性看似一种局限，但实际上，我们可以在其表面施加多个振动，对能量流动的路径加以引导。它们之间并不会互相干扰。这些路径看似在物理层面上相连，却能像缆线一样，实现彻底的区别和独立。因此，任何可以通过一条或多条线路，在有限距离内实现操作的设备，同样可以在不使用人造导体的情况下运转，且保持同样的性能和精度。此时，这一设备将不再受到距离的限制，或者说，限制它的只有地球的物理尺寸罢了。

这些设想都具有极大的实用性。这样的设备一旦被开发出来，身处纽约的商人口述的指令就能立刻以文本形式出现在他位于伦敦或其他地方的办公室里。他可以用自己办公桌上的电话联系世界上任何一位电话用户，而不需要淘汰或更换任何设备。不管身处海洋还是大陆，只要携带一个比手表还小的廉价设备，你就能够收听到来自世界上其他任何地方的音乐、歌唱、政治首领的讲话、科学家的演讲，以及牧师的布道——不管那里与你相距多远。同样的道

---

[1] 指通过测量待定点位与三个已知位置点的距离，利用三角形的几何关系计算待定点位位置的方法。常用于地理定位。

创新：特斯拉传

理，任何的图像、文字、绘画、印刷品都能够在任意两地间实现传输。届时，我们只需一个工厂，就可以控制数百万台该种仪器。然而，比这些都重要的是电力的无线传输。我们将在一个足够大的范围内对这项技术进行展示，使其令人信服。

这就是为什么我会认为，无线传输技术的未来将呈现异彩纷呈的态势。它所具备的可能性已经超过了之前所有的发明和发现。条件一旦成熟，我们将会在未来的几年内看到无线技术应用带来的神奇景象。

（本文为作者口述，沃尔特·W.马西及查尔斯·R.昂德希尔笔录并整理，载于二人于1908年出版的《无线电报与电话技术：通俗解读》一书）

对话行星
↳ Tesla's Lectures and Articles

　　人们自古便有与其他世界的居民进行交流的想法。但长久以来，它都被视为诗人的梦想，缥缈而永远无法实现。伴随着望远镜的发明与完善，以及对天空的认知的不断拓展，这一想法不断激发着人们的想象力，也推动着19世纪后半叶的科学发现与成就。歌德的自然哲学思想也在这一时期得到了推崇与发展，其影响力如此之强，以至于似乎注定会成为这个刚刚开始的新世纪的主导思想。我们想要了解那些生活在浩瀚无垠的宇宙中的邻居。这不是出于无聊的好奇心，也不是出于对知识的追求，而是出于更深层的原因。那是一种深深扎根于每一个有思想能力的人心中的情感。

　　地球是从哪里来的？谁知道这一奥秘？谁又可以为大自然的神奇设限？假如我们能对这世间万事万物所遵循的规律有清晰的了解，假如我们能追溯出背后深藏的动因，我们就能从地球自宇宙母

创新：特斯拉传

亲的怀抱中脱离出来后的每次悲怆的震动中寻找到答案。

这是一个充满理性的时代，每当有人提出与某个行星建立有效通信的想法时，就会遭到嘲笑。这样的现象并不奇怪。首先，有人指出，其他行星上存在生命的概率非常低。但这一点并不能说服我。在太阳系中，似乎只有两颗行星——金星和火星——能满足人类这种生命体生存与维系的条件，但这并不意味着行星上不存在其他形式的生命。化学反应可以在没有氧气的情况下进行，而且我们尚未判明，化学反应对有机生命体的生存和维系而言是否必要。在我看来，未来的生命必将朝向一种不需要营养支持、不受外界限制和约束的形式发展。为什么生命不能从周围环境直接获得所需的能量，而必须通过摄入食物，和将化合物中储存的能量转化为维持生命所需能量的复杂过程来获取能量呢？

如果某颗行星上确实存在这样的生物，只能说，我们还对其一无所知。当然，我们也不必在这一问题上过于纠结。我们很容易想象，假如行星的大气逐渐稀薄，水分不断蒸发，温度逐渐降低，那里的有机生命也会为了适应这样的环境而相应发生变化，最终呈现一种现在的我们无法理解的生命形式。当然，我们无法否认的是，如果某种灾难突然降临，所有的生命可能都会终结。但如果这种变化是渐进而长期持续的，不管其规模如何，我们都能理智地预见最终的结果。我相信，具有智慧与理性的生命一定能找到生存下来的方法，它们会主动适应不断变化的环境。我就此相信，或许存在一个像月球一样寒冷的行星，我们能够在它的表面或内部发现智慧生命的存在。

将信号发向一亿英里外

有人曾争辩说,人类的力量和智慧是无法将信号传送到五千万英里或者一亿英里之外的。如果在以前,这样的论断可能是正确的,但现在,情况已经发生了改变。热衷于星际通信的研究者们将希望寄托于光,认为它是实现这种通信的最佳媒介。的确,光波有着极高的传播速度,比其他的低速波更容易实现在宇宙中的穿梭。但只要想一想就可以知道,想要以光波的形式实现地球和太阳系其他星球间的信号交换,至少现在是不可能的。为了说明这点,让我们来想象一下:地球表面的 1 平方英里——这是用现在最高级的望远镜从其他星球上可以观测到的最小范围——覆盖着密集排列的白炽灯。如果我们点亮这些灯,就可以制造出一片持续发光的区域。可要将这些灯都点亮,需要不低于一亿马力的能量,这相当于当前全世界的人类所使用的能量总和的数倍。

但如果采用我所提出的全新方法,只需要消耗不到 2000 马力的能量。我们可以像从纽约发电报到费城一样,向火星那样的行星传递精准而确切的信息。这种方法,是我经过长期持续的研究和循序渐进的改进而取得的成果。

我在大约十年前认识到:实现一定距离的电力传输并不需要使用回路,单线传输就可以实现任意规模的传输。经过多次的实验,我证实了这一原理。我的发现在当时的科学界引起了大量的关注。

创新：特斯拉传

由此，我着手开发一种不需要使用电线的能量和信息传输系统，利用地球这一天然导体进行电流传输。我曾在 1893 年阐述过这个想法。刚开始的时候，通过地球传输电流的研究遭遇了巨大的困难。我当时拥有的那些普通仪器完全派不上用场。于是，我开始将精力全部集中于研发可以帮助我完成这项研究的特殊设备之上。

特斯拉与外星信号接收器

经过几年的努力，我终于克服了一系列困难，成功制造了一台能够派上用场的机器。通俗来说，它的工作原理类似于一台泵，能从地球上提取电力，再以极高的速度将电力输送回地球，以产生波，或是电磁干扰。它们就像通过电线的电流一般，以地球为媒介进行传输，最终输送到远处某一个精心调谐过的接收线路上。这样的方法不仅可以实现微弱信号的远距离传输，还可以向遥远的地方传输巨大的能量。后来的一系列发现更使我坚信，这一无线传输的方式一定会成为现实，并在工业领域获得广泛使用。它将消除距离带来的障碍，以高度经济的方式实现任意两点间的电力传输。

在科罗拉多的实验

后来，为了进行更为深入的研究，我前往科罗拉多州，在那里继续我的研发工作，并开拓出更多的研究方向。其中一项研究的重要性在我看来甚至超过了无线能量传输。

我在派克峰[1]附近建造了一个实验室，那里有着科罗拉多山脉的纯净空气，非常利于实验，我在那里得到了许多令人满意的实验结果。我发现，自己能够完成比在纽约时更多的体力和脑力工作，而且能更容易、更清晰地理解电的现象和变化。在这之前，制造二三十英寸的电火花几乎是不可能的；但在这里，我轻而易举地制造出超过100英寸的电火花。以前，即便是用强感应装置测量，能够获得的电流运动速率也只有几百马力，而我在这里得到的电流运动速率却高达11万马力。以前，我得到的电压数值简直微不足道，

---

[1] 北美洲落基山脉南部弗兰特岭的最高峰。

创新：特斯拉传

而在这里得到的电压却高达 5000 万伏特。

很多人对我的研究表示怀疑，甚至毫不客气地质问我究竟想要干什么。很快，我的努力就会以实际成果的形式展现在世人面前，其影响将遍及世界的每个角落。最直接的成果之一，就是海上或陆地上的信息远距离无线传输。我已经通过一系列关键性测试证明了这一系统的实用性。也就是说，我们可以从地球上的某处向其他任何一个地方发送信号，无论这两点间相距多远。不久后，我就会让那些对此心存怀疑的人目瞪口呆、完全信服。

我很庆幸的是，虽然我的实验大多精密而危险，但在实验的过程中，我和助手们都没有受到过任何伤害。在研究那些强大的电振荡时，经常会发生匪夷所思的现象。在电振荡的干扰下，有时会突然跃出一颗真实的火球，如果有人正好位于其轨迹上或在其附近，那么他必将面临死亡。我以前使用的机器能在一瞬间轻易地杀死 30 万人。我发现我的助手们都承受着巨大的压力，好几个人差点因神经过度紧张而崩溃。但现在我们已经消除了这些危险，无论装置的功率多强，操作过程中都不会存在任何风险。

在对这些装置进行改进，从而增强其产生的电作用的同时，我也对检测微弱效应的方法进行了完善。其中最实用也最有趣的，便是一种可以监测几百英里外的风暴的方向、速度及行动轨迹的仪器。未来，这种仪器将在气象观测领域发挥重要作用，特别是海军装备方面。

在研究的过程中，我发现了一些之前从未注意过的神奇现象，并对它们产生了浓厚的兴趣。目前，我已经对上述仪器装置进行了改进，在科罗拉多的实验室里，我能感受到地球的脉搏，观测到半径 1100 英里范围内的所有电流变化。

成功带来的惊吓

我永远无法忘记，第一次意识到自己观察到的现象可能对人类产生不可估量的影响时，我的那种感觉。我感觉自己像是在见证一种新知识的诞生，一个伟大真理的揭示。直到现在，我偶尔也会生动地回忆起那个场景，当时的那些设备仿佛都出现在了我的眼前。我最初观察到的现象确实给我带来了不小的惊吓。那是一个深夜，只有我一个人待在实验室里，我感觉自己仿佛发现了一种神秘的甚至超自然的力量。但当时我并不知道这意味着什么，并没有意识到这些干扰便是智能操控的信号。

我发现这些变化具有一定的周期性，其规律非常清晰。但我无法将这样的周期变化与任何一种已知的成因相对应。我对太阳、北极光以及大地电流所产生的电气干扰都十分熟悉，我十分肯定这些变化并非由上述原因造成。通过实验，我也排除了大气干扰的可能。过了一段时间，我突然意识到，这种干扰可能来自某种"智能控制"。尽管我无法理解其含义，但我相信，这些变化绝非偶然。我的脑海中，有一种想法越来越强烈：我极可能是第一个"听"到一颗行星向另一颗行星发出的信号的人。我相信这些电信号一定有某种意义。因此，当红十字会希望我对下一个百年可能取得的伟大成就进行预测时，我带着这样一种信念宣布，那会是一次星际对话，

创新：特斯拉传

并提出，它将成为我们所面临的行星级挑战的有力证据和最好的解释。

回到纽约后，我的注意力被更加紧急的工作占据了，但我并没有停止对那段经历和在科罗拉多观察到的现象的思考。我一直致力于对自己的设备进行改进和完善，只要有机会，就会立刻从之前被迫中断的地方再次开始调查研究工作。

对话火星人

现在，我们已经具备了制造向火星传输信号的机器的能力，如果火星上有熟悉电学的专家，那么，我们也会接收到火星向我们发来的信号。

一旦我们建立起通信，即使使用的是数字这种最简单的信息传递方式，也能快速地建立起更高级的交流。如果我们能对"1、2、3"的信号做出"4"的回应，就一定能够实现信息接收和交换。无论信号来自火星人还是其他星球的居民，只要我们在太空中捕捉到它，并做出相应的回应，对方就能够理解发生了什么。虽然以这样的方式传输成体系的知识是非常困难的，但也并非无法办到，至少我已经找到了一种将其实现的方法。

这样的方法会在这个世界引起多么巨大的轰动啊！可这什么时候才能成为现实？每一个具备思考能力的人都应该清楚，实现这一设想还需要一定的时间。

但至少，我们在科学知识的层面上有所收获。我希望，我们能够在不久之后证实，我在西边进行实验时观察到的不只是一种现象，更是一种伟大而深刻的真理。

（本文为作者于1901年2月9日出刊的《科利尔周刊》上发表的文章）

宇宙如何塑造我们的命运
Tesla's Lectures and Articles

每个生命都是一个推动宇宙车轮转动的发动机。虽然从表面上看,它似乎只受周围环境的影响,可事实上,外部影响远远不止于此,影响的来源是无限的。在广袤无垠的宇宙中,无论是星座、星云、恒星、行星,还是那些路过的流浪者,都难以控制自己的命运——别把我说的这些当成虚无缥缈、难以验证的占星学说,这恰恰是极为严肃的自然科学。

除此之外,世上的万事万物,从奴役自然要素的人类到最为低级的生物,无不对自然产生着一定的影响。无论这种影响的力量多么细微,都会对这个宇宙的平衡产生影响,导致运动和变化的产生。

在赫伯特·斯宾塞[1]眼中,生活就是一个通过持续的调整来适

---

[1] 英国社会学家、哲学家。曾任《经济学家》杂志副主编。倡导综合科学、普遍进化论和社会有机体论,被誉为"社会达尔文主义之父"。

应周边环境的过程。他对这种难以想象的复杂表现形式的定义已经体现出了进步的科学性思维，但依旧不够广泛，无法全面表达他对现今科学的认识。我们越是深入探索自然的规律和奥秘，对自然及其演化过程的认识就越为广泛而深入。

在智力发展的早期阶段，人类对宏观世界的认识非常有限，对微观世界则一无所知。那些建构微观世界的分子、构成分子的原子，以及原子内部由电子组成的更为微小的世界，都不为人类所知晓。对智力发展处于早期阶段的人类来说，生命就是自发的运动和行为。他并不会认为，一株植物会生存和感受，痛苦和享受，会为活下去而努力——但我们能感受到这些。我们不仅证明了这种感受是正确的，还证明了一点：即使是被视作死物的无机物，也会在刺激下做出反应。这样的发现，证明了生命本源的存在。

就此可知，无论是有机的还是无机的，活泼的还是稳定的，一切存在着的事物都会因外部刺激而发生变化。二者之间不存在隔阂，不存在割裂，不存在能够产生特例或区别的因素。同样的法则支配着所有的物质，万事万物都是有生命的。斯宾塞曾经提出一个重要的问题："无机物是怎样变成有机形式的？"这个问题已经得到了解答——关键在于太阳的光和热。有了太阳的光和热，就有了生命。所以，只有在浩瀚无垠的星际空间中，在永恒的黑暗和寒冷中，生命才会停止；只有在绝对零度的温度下，一切物质才有可能死亡。

创新：特斯拉传

人类亦是机器

我们所感知到的宇宙就如同一座永不停摆的钟表，其中不存在什么超机械的重要法则。它并不与我们在宗教或艺术领域的愿景相冲突——人类通过这种难以定义的、精神层面上的美好努力，将自己从物质的束缚中解脱出来。我们对自然的认识越深入，越相信我们所得到的知识的正确性，探求之心就越是振奋。

17世纪，伟大的法国哲学家笛卡儿在哈维血液循环理论的支持下，奠定了生命机械论的基础。在他看来，动物就是没有意识的自动机器，即便是更为高等、拥有独特品质的人类，其行为和行动也是机械性的。他甚至尝试对记忆的物理机制进行解释。但当时，人们对于人体许多功能的了解还十分有限，故而他在这方面的一些设想是错误的。

后来，人类在解剖学、生物学及其他分支领域取得了一系列重大突破，对于人体运作原理的理解也已经非常清晰了。即便如此，也很少有人能够发现，自己的行为其实是受到了外部的影响。经过长期细致的研究与观察，我发现了一些重要的事实。对于我将要提出的观点来说，它们是必不可少的。这些事实可以总结如下：

1.人类的一切行为都是受外界因素影响的。看上去是人类在按照自己的想法而生活，事实上却是外部因素在控制人类的行为。人不过是被汹涌的浪潮裹挟着前行的一叶小舟。

2. 永久的记忆其实并不存在。所谓的记忆，不过是在反复刺激中得到增强的反应。

3. 笛卡儿那种将大脑描述为存储器的观念是错误的。大脑不仅无法进行永久记录，还无法永久存储知识。知识就如同回声，需要经过不断碰撞才能产生。

4. 所有的知识和形式上的概念都是以眼睛为媒介形成的。其中一些产生于对视网膜上直接接收到的信息的反馈，另一些则需要更为微弱的二次反应和反射动作的参与。其他感官所能获得的只是并非真实存在的感受，故而无法形成概念。

5. 与笛卡儿哲学最重要的原则——感知都是虚幻的——相反，眼睛传递给大脑的信息是近似于真实而准确的外界事物的。光沿直线传播的原理使外界事物能够以精准复制的形式投射到视网膜上，而视神经的运作机制使得这些图像在传输到大脑的过程中不会发生扭曲。同时，这样的过程必须具有可逆性。意识中的某种形式应当能够通过反射活动，在视网膜上以图像形式得到再现。一旦这个观点得到实验的证明，将会在人类社会和各种活动领域引发重大变革。

自然影响着人类

如果上述内容都是正确的，我们就可以对自然产生的影响进行研究。人类生活在不停旋转的地球上，由精密敏锐的器官组成，是一台复杂而奇妙的自动机器。为了将问题进行简化，我们假设地球的地轴垂直于黄道，一个体重160磅的人站在赤道上，即便他一动

创新：特斯拉传

不动，也是在以每秒钟 1520 英尺的速度跟随地球的自转而快速运动。这就使他拥有了 578 万英尺磅[1] 的机械能，这等同于一枚重达 100 磅的加农炮弹产生的能量。

这一动量和向外的离心力都是恒定的，约为 0.55 磅，两者都不会对这个人的正常生活产生影响。太阳的质量是地球的 33.2 万倍，与这个人的距离则是地球的 2.3 万倍。它会对这个人产生大约 0.1 磅的引力，使这个人在正常情况下的体重伴随地球的旋转相应增加或减少。

虽然这个人并没有意识到这种周期性变化的发生，但不可否认的是，他确实受到了影响。

除此之外，地球还在以每秒钟 19 英里的惊人速度进行公转，这又使这个人拥有了超过 251.6 亿英尺磅的机械能。德国生产的那门史上最大的火炮能够发射重达一吨的炮弹。炮弹的初速度为每秒钟 3700 英尺，产生的能量为 4.29 亿英尺磅。而这个站立不动的人所拥有的动量几乎是它的 60 倍。这相当于每分钟产生 76.24 万马力的能量。可以想象，如果公转突然停止，这个人必然在那一瞬间猛烈爆炸，其释放的能量能够将一枚重达 60 吨的炮弹发射到 28 英里外。

不过，这种巨大的能量并不是恒定的。随着人与太阳相对位置的变化，能量的大小也在发生改变。地球的自转速度为每秒钟 1520 英尺。如果我们在地球每秒钟 19 英里的公转速度的基础上，加上

---

[1] 英制单位中功的单位，相当于使 1 磅质量的物体以 1 英尺每秒的加速度产生 1 英尺的位移所需做的功。1 英尺磅 ≈ 1.36 千米。

或减去这个数字,就能得出,在一天以内,这个人拥有的能量产生了大约15亿英尺磅至33亿英尺磅的变化。这表示存在某种未知的方式,使能量以大约64马力的功率流入和流出这个人的身体。

如果将我们的视野扩大到太阳系,就会发现,整个太阳系正以大约每秒钟20英里的速度,向遥远的武仙座方向移动。每年在这个过程中产生的能量变化十分惊人,或将超过1000亿英尺磅。以上计算都是在地轴垂直于黄道的假设下进行的。在将轨道平面的倾斜和其他一系列暂时性或永久的质量作用纳入考虑范围后,这些变化和看似纯粹的机械效应会变得更为复杂。

此外,人类这种自动机器还会受到其他力量和影响的作用。地球一直处于电振荡之中,这使他的身体天然处于约20亿伏特的电位之下,这种电位会频繁而剧烈地产生波动的电势。根据大气状况的不同,他所承受的大气压从16吨到20吨不等。每隔一段时间,他就会接收到太阳光线的能量。这种能量来源于太阳粒子的周期性爆发,以大约每秒钟40英尺磅的频率穿过他的身体,就像穿过一张薄薄的纸一样。空气中的各种声响振动他的耳膜,地壳的运动使他晃个不停。另外,他还需要承受巨大的温差,接受风雨的考验。

就算是钢铁也很难承受如此恶劣的环境。人类这台精巧的机器竟有如此优异的表现,这又是怎么回事呢?如果人类在各个方面都具有很高的相似性,那么他们对外部环境做出的反应也应该是相同的。但事实并非如此。人们通常只会对经常反复出现的状况做出相同的反应,对其他状况的反应则可能各有不同。

我们很容易制造出这样的两个电气系统:在受到相同的影响

创新：特斯拉传

时，以完全相反的方式运行。人类也是如此。这一点适用于两个不同的个体，也适用于他们的大规模集合体。就以睡眠为例，我们每个人都会周期性地进行，但这并不是一种必不可少的生理需求，就像电动机并不是必须每隔一段时间就要停止运转一样。这只是地球公转现象强加给我们的一种状态。从某方面来说，这恰恰证明了机械论的正确性。所有的事物都有属于它自己的规律，在我的思想和观点中、在金融和政治运动中、在我们所有的脑力活动中，都存在这种节奏的起伏变化。

战争从何而来

这一切表明，以上现象中存在一个涉及质量惯性的物理系统。这也为我们的理论进一步提供了显著的证据。一旦我们接受这样的理论，将其视为基本的真理，并在这样的基础上将我们的感知范围进一步扩展，超出我们当前所认知到的外部世界，那么我们就能对人类的一切生活状态做出合理的解释，不管那看上去是多么不可思议。可以简单举几个例子。

人类的眼睛只能对某些特定区域内的光振动产生感应，这个区域相当狭窄，而且界限还不是十分清晰。当振动现象超出这个范围时，虽然我们无法直接看到，它们却依旧能对我们的眼睛产生影响，只是影响的程度较轻。这也就导致，有些人即便身处黑暗或视线受到阻碍，也能感觉到附近区域内的另一个人。这种现象的亲身经历者常常认为这是一种心灵感应，但若是认为思想能以这样的形式传递，就实在有些荒谬了。

训练有素的观察者不难发现，那些所谓的心灵感应，其实是受到了暗示，或是一种纯粹的巧合。这就像那些喜欢音乐或者模仿的人都拥有高于常人的听力，经常能听到那些他人感知不到的机械冲击或振动。

跳舞也是一个很好的关于短期兴趣的例子。这是一种根据音乐的节奏和韵律，进行特定的肌肉收缩和身体扭曲的行为。它又是如何流行起来的呢？环境的周期性变化可以给出令人满意的解答。这种变化通过空气或地面进行传播，形式非常多样，可能是机械的、电子的或其他形式的。

这些变化同样可能引起战争、革命以及社会变革。

虽然从表面来看，战争是由人类的武断行为引发的，但事实却并非如此。

它的出现或多或少地受到太阳影响，是这种来自宇宙的力量的直接结果。

历史上的国际冲突大多源于饥荒、瘟疫或地质灾害。太阳无疑是其中的主要原因。然而，更为关键的原因总是潜藏于水面之下，复杂而难以追踪。

我们很难否认，现代战争是由少数个体的主观行为引起的。然而，机械论这一建立在日常生活经验中形成的真理之上的理论已然证明：宇宙扰动必将导致战争发生。

这就引发了一个新的问题：战争和地壳变动之间是否存在某种紧密的联系。后者会对人类气质和性格的塑造产生决定性的影响，

创新：特斯拉传

有时还会成为加速冲突的工具。但二者在其他方面并没有任何关联，尽管它们很可能是由相同的原因导致的。

有一点是可以确定的：现代战争中产生的机械作用会使地球发生震动。这一说法或许有些耸人听闻，但原因很好理解。

地震的成因通常有两种：一种是地层内部发生了爆炸，另一种是地质构造发生了变化。前者即是火山爆发，会释放出相当巨大的能量，但这种情况很少发生。后者即是构造地震，释放的能量相对较小，但可以由轻微的冲击或振动引发。这也就是库莱布拉岛[1]地震频发的原因。

战争与地震

理论上，我们可以设想一场构造地震的发生。在它发生前，物质处于最为微妙的平衡状态。关于这种地壳变动中的能量变化，存在一种普遍的错误认知。最近就发生了一次非常大的地震，影响区域十分广阔，释放出的能量高达65万亿英尺吨。即使这些能量在一分钟以内全部释放出来，也不过相当于以750万马力的功率做了一年的功。这个数字看起来相当庞大，但就地壳变动产生的能量而言，却是微不足道的。只这一区域接收到的太阳光能产生的能量就要比这大上1000倍。

地雷、鱼雷、迫击炮和枪炮的爆炸会在地表产生数百吨甚至上

---

[1] 美国自治邦波多黎各的群岛，位于加勒比海。

千吨的反作用力，带来强烈的震动，全世界都能感觉到。然而，这还可能会被共振极大地放大。

地球是一个刚性略大于钢铁的球体，大约每1小时49分振动一次。假如爆炸带来的震荡恰巧在地球震动的时候发生，二者的共同作用可能导致构造地震在地球上任何一个角落爆发。也就是说，在法国发生的爆炸可能会引发意大利的灾难。毫无疑问，人类是能够制造出这样的地壳变动现象的。而我相信，在不久的将来，我们就能实现对这种现象正面而有意义的应用。

（本文是作者于1915年2月7日出刊的《纽约人》杂志上发表的文章）

人类将在科学的进步中受益
Tesla's Lectures and Articles

尊敬的《纽约太阳报》编辑先生：

若不是事务繁忙，我本该更早回复贵报于 11 月 13 日刊登的那篇满含赞美之词的社评。如今的科学猜想、发现与发明领域公认的佼佼者们对我的工作给出了如此诚恳的评价和高度赞赏，这对我来说是莫大的鼓励，我非常感谢他们。再没有什么比有识之士的信任更能激发我在科学探索之路上的勇气与信心了。

在此，请允许我简要介绍我在贵报所涉猎的各个领域中的研究方向和努力成果。

在这之前，我要对赫兹博士[1]和洛奇博士[2]表达衷心的感谢。

---

[1] 德国物理学家。首先通过实验证明了电磁波的存在。他对电磁学有很大的贡献，故频率的国际单位制单位赫兹以他的姓氏命名。

[2] 英国物理学家、发明家。几乎与赫兹同时证明电磁波的存在，并致力于推广这一发现。他为无线电的发展做出了重要贡献，是无线电核心专利的拥有者。

这些早期工作者的努力帮助我成功发明出既经济又实用的照明系统，并在 1898 年的哥伦比亚大学演讲中将其公之于众。

人们普遍存在一种错误的认知，认为可以通过不产生热量的方式获得光。洛奇博士对这一问题的热情或许是这种错误认知产生的原因。我曾指出，要实现高频振动，首先需要基音或频率低于基音的振动。在纯粹的理论层面上，我们很容易想象出这样的结果。但这也意味着，这一装置存在一种启动时便必然无法达到的振动状态。这种要求完全不存在惯性和物质的其他特性的振动状态是无法实现的。虽然我对此有一定的理解，但这一命题在我看来并不现实，故而暂时不予考虑。我们无法在光的制造过程中排除热能的存在，但我们可以制造出效率高于白炽灯的照明用具。白炽灯这项美丽的发明有着一项令人遗憾的特征，那就是效率过低。实现这一目标的第一步，就是发明一种能将照明电路中的普通电流高效地转化为高频电振荡的方法。这着实是个难题。直到最近，我才得出能够完全满足要求，且能够投入实际应用的方法。除此之外，我们还有其他的问题需要解决。由于白炽灯的光线很微弱，我们还需要实现发光强度的提升。在这方面，我同样取得了成功。现在，这种发光强度更高、完全实用且经济的照明用具已经投入生产。我并不是说，这种新的照明系统一定会彻底取代目前的系统，但我相信它一定会有派上用场的一天。

我在很早以前就设想过将太阳的能量应用于工业领域。但我不得不承认，在我发现旋转磁场后很久，这个想法才深深占据了我的脑海。旋转磁场的发现坚定了我解决这一问题的信心。经过持续探

创新：特斯拉传

索，我发现了两种可行的解决方法。一种是就地对太阳辐射的能量进行转化，另一种是借助大型水库实现经济的能量传输。当然，也有其他经济实惠的方法，但只有以上两种方法满足不消耗任何资源便能获得能量这一理想特征。

经过长期思考，我终于得出了两套相应的解决方案。但关于其中利用太阳辐射在地球上任意一处获得能量的方案，我现在还不便透露。我最近所说的那种无线电力传输系统就是在此基础上建立的。在宇宙空间中，地球相当于一个绝缘体。地球上的带电物体一定会引起等效的电位移。基于这两个客观事实，我研究出了一台能够制造尽可能大的地球电位移的设备。

这台设备要做的不过是对一个太空中的绝缘体进行快速反复的充电和放电，从而使地球的带电量发生周期性的变化，改变其表面的压力。这就相当于机械学上的水泵，要做的不过是把水从大蓄水池抽到小蓄水池，然后再抽回来。一开始，我只考虑用这种方法进行信息的远距离传输。我对自己的方案进行了详细描述，并指出，在这样的情况下，确定地球所具备的电气条件是很有必要的。这个方案的迷人之处在于，传输信号的强度并不会随着距离的增加而减弱。事实上，如果忽略大气等因素带来的损耗，信号强度根本不会发生变化。

和我之前的那些想法一样，这个方案也被认为是不切实际的。但如今，它成了无线电报的基础——我并非想要贬低其他发明创造对无线电报领域的贡献，而是通过严格审查，得出了这样的结论。我很荣幸地承认，洛奇博士的早期工作、马可尼[1]的精彩实验，以及这一研究领域的后继者，德国的斯拉比博士[2]的贡献，都给了我很大的帮助。我很高兴能以这样的方式向前辈们表达敬意。现在，我将这个想法扩展到电力传输系统，并在亥姆霍兹[3]造访美国时提出了这样的设想。他毫不犹豫地肯定了这种传输方式，但对我能否制造出一种可以产生数百万伏特高压的设备表示了怀疑。要实现我的设想，这一设备至关重要。另外，他也对我能否克服绝缘问题表示了担忧。这看似无法解决，但幸运的是，我仅用了非常短的时间，就完全掌握了相关的知识和原理。在完善传输系统的过程中，我找到了解决这一问题的方法。我发现，那些普通设备中的空气就是最好的绝缘体。经我改进的设备产生的电流能够轻松穿过空气，产生约 250 万伏特的电压。我由此展开进一步的分析和研究，又有了一个非常有价值的发现：空气越稀薄，其导电性就越强。如果能够使用上层空气进行电力传输，我的设想简直触手可及。后来我发现，高海拔环境下的大规模电力传输具有相当大的可行性。这便进一步肯定了我的设想。因此，我已经将所有的主要障碍一一克服，剩下的就是工程技术层面的问题了。

我想在这里就我的最新发明做一些解释，并提出一个长期以来被忽略的观点。就像前面所说的那样，我以完全抽象的思考方式对

---

[1] 意大利工程师。专门从事无线电设备的研制和改进，是实用无线电报通信的创始人。1909 年与阴极射线管的发明者，德国物理学家卡尔·布劳恩共同获得诺贝尔物理学奖。

[2] 德国物理学家，德国无线电报的先驱。为德国无线电报工业的发展做出重要贡献。

[3] 德国物理学家、生理学家。在眼睛的光学结构、色觉学说和乐音的性质等领域做出很大贡献，对热力学和电学也有贡献。

创新：特斯拉传

人体结构进行了定义。我认为人体是一种自动推进的机器，它的运动受眼睛接收到的信息控制。我尝试着仿照人体，制造一个类似的机械装置。当我将对特定波敏感的控制装置和具有推进和导向功能的身体结合起来之后，这个装置就自然而然地成形了。

起初，我对这个想法的兴趣完全是基于热爱科学的本能。可后来我发现，它迟早会给现有的事物和当前的局势带来深远的影响。我不知道它会带来什么，只能由衷地希望这是一种好的影响，否则我宁愿这项发明从来没有出现过。

我不知道它在未来会向着什么方向发展，但不得不说，我现在并没有看到它产生什么好或者不好的影响。毫无疑问，这一想法将随着时间的推移得到进一步完善。枪炮依旧会作为武器存在。基于这一想法，我们可以将炮弹发射到更远的地方。它将不再受重量或爆炸物数量的限制。我们能够在发射过程中使其停止运行，在飞行过程中将其捕获并召回，或是将其重新发射出去，使其在我们希望的任何地方爆炸。更重要的是，它永远不会失手。如果我们的目的是击中目标对象，那么将不会存在第二种可能。

但我们还需要明确它的主要特点：它只会对某个音高或频率做出反应，并且能被赋予一定的选择能力。一旦这样的武器被发明出来，我们就很难实现与之匹配的发展。也许正是这一点，而非它的破坏力，赋予了它阻止武器发展和战争爆发的能力。

（本文是作者于1898年11月19日写给《纽约太阳报》编辑的信，刊登于当年11月30日出刊的《纽约太阳报》）

科学和发现是结束战争的伟大力量
Tesla's Lectures and Articles

无论人类会迎来怎样的时代，迄今为止的发展迹象都表明，人类的终极命运是永久的冲突。仅靠文明是无法实现地球的永久和平的。它延缓了冲突，但使其强度和规模得到了升级，变得更为极端、更具毁灭性。

目前这场大战[1]给人们留下了一种特殊的印象，一种敬畏之情，一种庄严之感。人们清晰地认识到，一场可怕的、规模前所未有的灾难已经降临在世界上。各国突然从自以为是的安全感中惊醒，发觉自己正毫无防备地暴露于普遍存在的危险之中，震惊不已。仿佛地球上发生了某种惊天动地的变化，仿佛有一种巨大的力量得到了解放，正威胁着全世界。

---

[1] 指第一次世界大战。

创新：特斯拉传

以前的战争从未有规模如此庞大的军队参与，也从未使用过如此可怕的破坏性武器，从未如此依赖武器取胜。这场大战造成的损失已达数百亿美元，300多万人死亡或残疾，至少十分之一的人遭受精神重创，他们的痛苦将对后代造成影响，使未来的生活也变得黯淡无光。全世界无数饱受焦虑折磨的受难者都在问，这场骇人听闻的屠杀、这场离经叛道的挥霍，究竟还要持续多久。

战争本质上是一种能量的表现，涉及物体在力的作用下的加速和减速。在这种情况下，达到一定速度和动量所需的时间与物体的质量成正比，这是一个公认的真理。同样的规律也适用于速度和动量被阻力抵消的情况。用通俗的话来说，这意味着武装冲突的周期或持续时间在理论上与军队的规模或战斗人员的数量成正比。

这显然是在资源充足，且其他条件都相同的情况下进行的假设。此外，在基于以前的战争进行规律推演时，必须考虑到若干因素，并根据统计数据和其他资料进行适当的估计。假设目前有1200万人参加了这场战争，如果它在和过去的一些战争一致的情况下进行，会呈现以下结果：

战争	战斗人员	持续时间（年）	持续时间（月）	备注
内战	4,600,000	4		因作战距离遥远、通信不畅和武器装备落后而时间延长
现在的战争	12,000,000	10		

续表

战争	战斗人员	持续时间（年）	持续时间（月）	备注
德法战争	1,700,000	13		缺乏现代化装备
现在的战争	12,000,000	7	6	
日俄战争	2,200,000	1	6	因作战距离遥远、通信不畅和好斗的天性而时间延长
现在的战争	12,000,000	8		
第一次巴尔干战争	1,200,000		6	各方面都使用最新成果
现在的战争	12,000,000	5		
假设的每一场战争的平均值	2,425,000	1	9	持续时间受到多方面因素影响
现在的战争	12,000,000	8	6	

如果对现有的记录进行修正，并适当考虑到运输和通信工具、武器的威力和破坏力的增加，以及其他能够提高能量传输速度从而推动战争结束的因素，这些预估的结果会更加精准，且进一步缩短时间。最好的假设情况自然是从巴尔干战争中得出的，因为它最为现代化。根据这一假设情况，战争的持续时间会是5年。尽管以上只是粗略的估计，但足以表明，除非出现某些重大进展，否则这将是一场漫长的战争。

实际上，从纯科学的角度来看，如此大规模的战争只会因资源耗尽而结束。交战范围之广、参战人员之多，使得战争中很难出现

创新：特斯拉传

决定性的打击，也进一步支持了这一理论。在这方面，同样重要的是观察事先部署的战线是如何逐渐转移和拉直的，参战方之间的交战是如何受到自然法则和违背军事意图的原始力量制约的。战争范围的扩大使得某些地区的物资输送变得异常困难，这同样可能导致战争的结束。

那么，在接受这一理论的前提下，我们有理由相信，在其他各项条件保持正常的情况下，战争的持续时间取决于各项资源的消耗情况。食物的匮乏，设备的损耗和短缺，金属、化学品和弹药的缺乏，资金的短缺，训练有素的士兵或后勤人员的不足，这些都是需要考虑的因素，其中任何一个因素都可能导致战争提早结束。就目前的情况来看，如此激烈的战争不能再持续下去了。

每天的军费支出高达四千万美元，根据目前的伤亡统计，平均每天有2.5万人在战斗中死亡或残疾。按照这个速度，四个月的激战就会带来50亿美元的开支和300万人的伤亡。这显然是无法承受的巨大代价。即使获得了足够的资源和物资，也一定会遭遇资金的短缺。因此可以断定，在明年冬天之前，我们将重新迎来和平——除非战争陷入僵局。如果这种可能真的变为现实，我们将迎来前所未有的灾难。考虑到冲突的真正原因和参与其中的国家的态度，这场战争很可能持续数年。

预言是一种不被领情的工作，但科学预测是一种有意义的努力形式，如果人类不总是那么不听劝告、不吸取教训的话，这种预测会更加有用。在对形势进行仔细研究后，专家可以非常自信地预测某些事件的发生。现在这场战争只有三个可能的结果：第一，奥地利的崩溃；第二，德国人征服英国；第三，德国的衰落和失败。

奥地利的衰落是不可避免的，而且必然在未来几个月内发生。她可能会不顾德国的影响，独自提出和平请求，以拯救自己。但值得怀疑的是，她能否给出协约国能够接受的条件。更有可能的是，老皇帝厌倦了当前的状态，认识到奥地利扩张事业的不公正性，选择退位并建议分治。

处境艰难的德国或许也会欢迎这样的做法，因为这将开辟一条在不签署屈辱性条约的情况下实现和平的途径，而且她可能会因失去阿尔萨斯-洛林和东普鲁士而得到补偿。

几十年过去了，二元君主制依旧存在，堪称一个奇迹。如果不是匈牙利的权臣们顽固地坚持对玛丽亚·特蕾莎[1]的承诺，如果不是哈布斯堡王朝[2]因遭遇许多奇怪的不幸而得到的广泛同情，她早就解体了。众所周知，这个封建国家的不自然存在一直是欧洲和平的一大威胁，也是目前这场动荡的主要原因。未来，奥匈帝国的领土必将按种族划分，这会使欧洲大陆上所有参与战争的国家感到满意。这是必然发生的，就像熟透的苹果从树上掉下来一样，是一个自然的、不可避免的过程。

至于第二种可能，现在还不能草率地进行预测。要想确定最终的结果，必须等待事态的进一步发展。许多迹象表明，德国正在全力以赴地准备进攻英国，她在东部和西部的行动或许就是为了对此

---

[1] 18世纪奥地利哈布斯堡王朝的统治者。
[2] 又称奥地利王朝。欧洲历史上最为显赫、统治范围最广的王室之一。

创新：特斯拉传

进行掩饰。两国之间的关系非常紧张，冲突的原因很特殊，这使得和平解决几乎是不可能的。

第三种可能意味着一场旷日持久的战争。德国无法突破法国和比利时的铁壁；她在波兰取得的局部胜利无法撼动俄国分毫。她必须渐渐转向防守态势。根据金融家和统计学家的观点，她的负担最重，必须先发制人。

但是，对于一个如此聪明、勤劳、足智多谋、团结一心的民族来说，这种预测是危险的。德国人完全有能力"让以前只能长出一株草的地方长出两株草"，再加上他们完备的军事体系，才导致存在长期冲突的危险。这样的前景足以引起最严重的忧虑，专家们最关心的是如何避免进步的停滞，以及可怕的屠杀与挥霍。这能做到吗？

与此直接相关的所有人都有一种坚定的决心，要和这些问题斗争到底，因为过早到来的和平会让关键问题始终得不到解决，只会意味着现有的有害政权的延续和罪恶的重演。我们需要一个新的、不可抗拒的论点来制止这场冲突。虽然形势令人绝望，但并非无计可施。希望就在科学、发现和发明之中。

源于科学的现代机械引发了这场灾难，科学也将消灭它所创造的弗兰肯斯坦怪物。据说几个世纪前，阿基米德一项巧妙的发明决定了一场战斗的胜负，从而结束了一场大战。无论它是神话还是事实，这个故事都提供了一个振奋人心的可能性。在这个紧要关头，我们需要更多这样的启示。一种新的力量，一位新的代言人，一次以任何形式进行的展示，都能够带来惊喜，令人醍醐灌顶，让交战方清醒过来，并提供无可辩驳的证据，证明继续进行残酷的战争是愚蠢而毫无意义的。

多年来，我一直致力于这一目标，现在它已经被全世界的科学工作者和专家接受。成千上万的发明家受到这一绝无仅有的机会的鼓舞，决心研发能够实现这一目的的方法或装置。在法国、俄国，特别是德国，电气工程师、化学家和工程师正夜以继日地工作着。谁也不知道各国的这些天才能够带来什么，但可以毫不夸张地说，那将对战争的结果和持续时间产生实质性的影响。

正是基于这一点，人们才会重视那些关于齐柏林飞艇[1]、爆炸性射线和魔法炸弹等神秘实验的模糊报道。这种新闻不一定是真实的，但它们揭示了许多惊人的可能性。在新型作战手段的开发和应用上，毫无疑问，德国居于首位。这不仅因为她有优越的设备和出色的专家培养体系，还因为这已经成为一种迫切的需要，对她而言，这是目前的艰难处境中关乎生死的问题。

人们会从各种来源中接收到关于日常事件不确定的甚至是自相矛盾的报道，这便很难对事情的实际情况进行准确把握。尽管有着严格的新闻审查制度，主要的事实还是得以逐渐显现。其中之一便是，德国人是唯一准备好进行战争的。

就连自诩有备而来的法国人也没能及时行动起来。入侵东普鲁士不过是俄国的一次大胆行动，目的在于吸引敌人的注意，同时减

---

[1] 一种或一系列硬式飞艇的总称。由著名的德国飞艇设计家斐迪南·冯·齐柏林在20世纪初期以大卫·舒瓦兹设计的飞艇为蓝本，进一步发展而来。由于这一系列飞艇的成功，"齐柏林飞艇"甚至成为硬式飞艇的代名词。

创新：特斯拉传

轻法国的压力。这次行动虽然取得了成功，但他们付出了高昂的代价。至于那些自鸣得意的英国人，他们睡得很熟。不管发生什么，英国都是一副毫无准备的样子，丝毫没有察觉到自己向德国发出的最后通牒会带来怎样的危险。这或许可以证明，她并不希望加入这场冲突。

另一个同样明显的事实是，德国并不满足于局部胜利，即使这份成果已经无法被撼动。她决心迅速出击，打败协约国的所有成员。她甚至已经计划好了一系列的和平谈判，首先是巴黎，然后是彼得格勒，最后是伦敦。这并非战略上的考量，而是对自己压倒性的武器装备力量有着绝对信心，在此基础上经过深思熟虑制定的计划。她也没有打算止步于此。她的目标要高得多：统治所有国家。

现在，德国的许多领导人物已经坦率地承认了这一点。对我们大多数人来说，这项事业的规模和所需的胆量都颇为令人震撼，更不要说通过武力手段实现的这一设想。但如果指责德国人的自负和傲慢，那就错了。他们对自己的优势有着绝对的自信，而且必须承认，他们的计划和企图是有一定道理的。

人们经常提出这样一个问题：我们未来是向着艺术和美的方向发展，还是向着科学和实用的方向发展？不可否认的是，艺术必须为科学做出牺牲。既然如此，理性的德国人就代表了人类最接近未来的状态。斯拉夫人正处于上升阶段，并将居于领导地位，他们将为创造性和精神性领域的工作注入新的活力，但他们也将不得不把精力同样集中于必要和实际的工作上。人类社会发展的最终结果将是一个蜜蜂那样的世界。

德国的企图被粉碎了。尽管她仍未被完全击败，但她的企图注定以失败告终。她那胜利的军队突然在巴黎门口停了下来，就像发生了奇迹一样。人们对此给出了很多种解释，但都是推测性的，没有涉及真正的客观原因。我们可以就此简要说明一下。

德国这台战争机器试图以一种紧凑而冷漠的集体来取代那些联系松散不稳定、易发生问题的小单元。这种集体像时钟一样，精确地依照命令行动，对危险和死亡无动于衷、漠不关心，在战斗中和在阅兵式上表现得别无二致。它的理念建立在一个深刻而科学的理论之上：每个人都会受到勇气和恐惧的影响，但显然，前者居于主导地位。因为生命或生存本身就是一场充满危险和痛苦的斗争，必须以决心和毅力来应对。恐惧来自对危险环境的感知，并因受到孤立而加剧。

当许多人集中在一起时，友好的环境和联系感会产生一种特殊的群体心理效应，使人的精神得到平静，克服天生的恐惧和忧虑。另一方面，长期的频繁且高强度的训练，除了有利于动作的精确性和同步性，还具有明显的催眠作用，能够进一步消除个体的主动性和不确定性。这样一来，那些强壮健康的身体就会以一个整体的形式运动和行动，人类的所有缺点和不足都已得到消除，在精确的指令和每个个体的努力下，他们能够最大限度地发挥作用。

这就是德国为保护自身文化和征服整个地球而完善的令人生畏的机器——一台冰冷的自动装置，一项恶魔般的发明，能够实现科学的、无情的、大规模的破坏，这是人们做梦都想不到的。它被认为是最高效率的体现，但这是具有欺骗性的，特别是对德国人自

创新：特斯拉传

己来说。实际上，从能量转化的角度来看，这台现代战争机器是一种野蛮的浪费。

它不仅需要在闲置时花费大量的金钱和精力，还涉及军事专家普遍忽略的一个基本事实，即决定其性能的条件，很大程度上（即使不是全部）取决于它的敌人。实际上，对这一事实的认知不足正是德国在巴黎失败的原因。

德国人的失败有两个主要原因，其中之一是法国人令人钦佩的防御战术。他们拒绝在这场决战中出击，从而使德国的战争机器无法发挥全部力量，不得不在低效率下工作。第二个原因更为重要，那就是德国人太过着急了。他们把发动机开得太快了，从而大大增加了损耗，却没有相应实现性能上的提升。正如后来的发展所表明的那样，他们完全可以付出更多的时间，这样一来，他们能够在消耗更少能量的情况下，成功实现自己的目标。

在已被揭露的事实中，最令人惊讶的是，德国在外交事务和战役中犯了许多严重的错误，这些错误是如此明显，以至于媒体如何表述都无法掩盖它们。人们似乎并没有完全意识到这一点，它清楚地表明，德国的科学和技术能力是以牺牲直觉、策略和良好的判断力为代价获得的。

进犯中立的比利时是一个多么大的错误！期望英国会容忍这种威胁自身生存的行为是一个多么大的错误！期望意大利会牺牲她的舰队和商业来讨好协约国是一个多么大的错误！德国人精良的枪炮能使防御工事变得毫无用处，但在进攻法国时，他们没有选择最短的路线，而是绕道比利时，既耽误了时间，又带来了新的危险，使情况变得更加复杂。数以万计的人注定会在这样的大规模进攻中迎来死亡，可明明几发炮弹就能够摧毁这些堡垒。

在胜利的关键时刻，这些军队却从法国撤到了不太重要的地方。德国人本来可以在对方组织好有效抵抗之前就向华沙和彼得格勒进军，可他们推迟了行动，直到俄国的数百万军队得以集结。他们本可以不费吹灰之力拿下敦刻尔克[1]和加来[2]，从而避免这一行动（如果可以实现的话）现在必将面临的可怕损失。目前，他们正在不顾一切地冒险深入俄国境内。在这个季节，暴风雪可能切断通信，使整个军队陷入任凭敌人摆布的境地。

一个以经济为信仰的国家，一个公认的以最科学的方式、最轻松的路线取得成功的国家，竟接二连三地犯如此奇怪的错误，这该如何解释呢？原因只有一个，这个原因已经导致了许多帝国的陨落！这就是过于自信和过于轻视对手。

在战争开始时，德国盲目地相信，她的攻势是不可阻挡的。在经历了可怕的、不必要的生命和财产损失之后，她认识到，没有拿破仑，法国也能强大起来；她认识到，像比利时和塞尔维亚那样热爱自由的国家，是不会容许自己的权利被肆意践踏的；她认识到，俄国不再是北方笨拙而无助的野兽。她终于认识到，英国才是她最危险的敌人——她一开始就该意识到这一点。她的力量或许足以抵御陆地上的军队，但在隔海相望的英国面前，这一优势不复存在。她的目标不可能实现了。

---

[1] 法国北部港口城市，滨加来海峡。
[2] 法国北部港口城市，临加来海峡。

创新：特斯拉传

如果协约国能在西部战线取得胜利，将极大地削弱德国的力量；东部的情况对她而言更为绝望。德国每天损失一万名士兵，花费七千五百万马克。她的生命之血正在迅速流失，最终必将面临失败。取胜的唯一途径是击溃英国。这样一来，她就能从扼住自己咽喉的致命钳制中挣脱出来，从而战胜所有的敌人。

现在，德国被这一想法点燃了，正以前所未有的精力投身于一场新的战役。如果这场战役在四个月前便已开始，它可能会在战争正式爆发前便落下帷幕。德国不是以一个军事大国的冷静思考，而是以一个被这一愿望所激励的民族的热切信念，参加了这场关乎存亡的战斗。她的成功不仅仅取决于她的将军，还取决于她的物理学家、工程师、发明家、化学家和工匠，以及她的志愿军，他们将为德国的事业献出自己的一切。

她可能会以突袭和威慑的方式引诱敌人，但她并不打算与英国舰队正面对决。她所要做的是在不损失自己一艘船的情况下，用地狱般的手段和变幻莫测的战术击溃敌人。除非英国立即意识到这一致命的危险，并做好以科学对抗科学、以技术对抗技术、以牺牲对抗牺牲的准备，否则在未来的几个月里，英国海上霸主的统治地位将变得岌岌可危。显然，那些在海牙[1]制定的公约[2]是无法阻止致

---

[1] 荷兰王国第三大城市，南荷兰省省会。荷兰的行政和商业中心，荷兰王官、政府机关、外国使馆所在地。国际法院、国际刑事法院等150余家国际组织总部亦设立于此。

[2] 1899年和1907年两次海牙和平会议所通过的13个公约和一些声明文件的总称。公约主要针对和平解决国际争端和战争法规编纂问题。除第十二个外，这些公约一般仍视为有效。

命性武器的使用的。国际协议有两种，即"团结则存，分裂则亡"和"具体情况，具体分析"。在海牙制定的公约属于后者。

有些人会认为，上述建议极其荒谬，简直是不可能实现的。这些人应当深刻认识到，一个在技术成就方面处于领先地位的大国正在为自身的生存而战斗，而发明已经提供了强有力的破坏手段。近年来的科学研究也预示了其他破坏手段的产生。所有人都会好奇的是，德国可能采取什么样的方法和手段，又该如何应对并击败她？

在进攻英国时，德国有四种方式可以选择。第一，无视英国舰队，强行入侵；第二，与舰队正面交战；第三，借助枪炮以外的装备，逐步削弱和摧毁舰队；第四，对陆地和海洋进行空袭。

历史上的征服行为总是大胆的。也许我们将见证其中最了不起的一次。不列颠群岛曾经遭到入侵，但那是在武器很原始的时代。诚然，如今的防御手段已经非常完善，但这会被相应增加的进攻能力抵消。征服不列颠群岛这一壮举是困难的，但并非毫无可能。

然而，战略在这个过程中并不是最重要的。这就像汉尼拔翻越阿尔卑斯山那样，是一个克服自然障碍的问题。英国有一段适合登陆战的海岸线，但同时，附近许多地方适合设置防卫武器和防御手段。如果德国人考虑入侵，那就会像闪电般快速袭来。他们会在光天化日之下，以他们喜欢的方式，不计损失地突破面前的一切障碍。他们为控制海岸所做的疯狂努力似乎表明，这就是他们的目的。

许多专家认为，只要有一支优秀的英国舰队存在，这种性质的行动就不可能成功，但这种想法是错误的。德国人完全可以在英吉利海峡建立一个行动作战区域，在两侧部署不可逾越的雷区和潜艇，

创新：特斯拉传

以进行保护。此外，虽然占领加来有很大的好处，但就他们的目的而言，并没有那么强的必要性。

无论计划是什么，它都将是一项全方位体现德国人彻底性手段的工程。这就是为什么我们不能相信某些文章中站不住脚的建议。虽然目前还没有公布任何可行的计划，但我认为德国人考虑使用专门设计的浮动堡垒。如果我的猜测是正确的，这些浮堡将可以拆分开，通过铁路运输。

它们能够抵御鱼雷和火炮的攻击，而且将配备射程很远、破坏力很强的火炮。这些浮堡将扫清沿岸的障碍，在它们的保护下，军队和大炮将进行登陆。在夜色的掩护下，步兵将以空降部队的形式实现登陆。口径较小的火炮加上或多或少的准备不足，会使英国人很难挫败这一企图。

德国会冒险进行大规模海战的观点是有一定根据的。虽然他们的船只数量较少，但大多是相当现代化的型号，而且毫无疑问，每一个部件的运行状态都相当好。所有的分析报告都认为，德国人的火炮在射程和耐久性方面都要优于英国人的火炮。德国人是制造和处理耐热材料的高手，其他国家的许多技术部门都完全依赖他们的产品。当我们把水雷、鱼雷、潜艇、齐柏林飞艇和其他破坏手段同样纳入考量范围时，优秀的机动性和令人惊讶的舰队规模差距就变得没那么重要了。

一艘德国小型潜艇能够击沉四艘英国巡洋舰而毫发无损，这样的优异表现本身就足以证明一点：两国之间即将发生的战斗将不仅仅依赖坚船利炮。虽然迄今为止，人们都认为这是海战中至关重要的存在，但显然，潜艇这种战争工具的作用还有待展示。

德国很容易领先其他国家一步，这源于大多数发明都得到了德国人的改进。不仅如此，他们知道出其不意就会产生优势，有优势就会走向胜利，并致力于实现这样的结果。他们极有可能已经在潜艇领域有了新的进展，并且可能已经解决了当下面临的在守卫森严的港口摧毁战舰这一特殊问题。

这可以交给简化了结构的小型船只来完成，这些船只上只搭载鱼雷，并配备了一到两名志愿操作员。这种情况下，其排水量通常不会超过 5 吨。这样一来，就可以使用齐柏林飞艇搭载两到三个，甚至更多的这种小型船只。这种由信念坚定的人操作的装置将成为一种难以防范的海上新大杀器。

总的来说，英国人将很难有效抵御这种潜艇。要对抗飞艇或飞机，我们可以使用与之相似的装置。但在水下，这种方法是行不通的，必须继续完善技术，制造专门的装置。可以在战舰上搭载装有高速炸药[1]的小炮弹，以其产生的强烈冲击阻止潜艇的攻击；也可以使用小型水雷，这种水雷可以漂浮在一定的深度，并在发生接触时爆炸。它们不会对大型水面舰艇造成伤害，但会暴露潜艇的存在并使其受损，毕竟潜艇中的精密仪器很容易被破坏。

齐柏林飞艇在战争中的重要意义仅次于火炮，至少德国人是这样认为的。在其发展过程中，工程师们克服了许多科学和技术难题。廉价的纯氢制备工艺得到了完善，一种高强度、低密度的新型合金

---

[1] 引爆后发生爆轰，即以高于声速的速度进行快速化学反应的炸药。

创新：特斯拉传

成功生产，经济实用的发动机得以问世，其他一些技术问题也得到解决。虽然其中不涉及什么独到的创意，但依旧是一项只有德国才能实现的显著进步。人们对齐柏林飞艇的评价褒贬不一，因此在对它的优点发表意见之前，有必要分清良莠。

最近，有人声称自己发现了一种新的不可燃气体。这种气体的使用能将船只的承载能力提升 2.5 倍。这一说法的唯一依据是，根据伟大的俄国人门捷列夫提出的元素周期性假说（该假说已被证明是化学研究中准确无误的指南），应该存在一种原子量为 04 的气体。它在日冕和极光中的存在已经在某种程度上得到证明。

为了推测德国舰队可能的行动，必须首先对其规模进行正确的把握。在宣战之前，她有三十六艘大小不一的船只，并且能够每个月生产八到十艘船只。但在战争的压力下，这一速度会大大提高。

这些装置的实验阶段已然结束，现在只是一个流水线生产的过程。这样一来，如果我们发现德国已经生产了超过 100 艘船只，也不足为奇了。在这样的生产规模下，每艘船只的成本不会超过 12.5 万美元，这意味着生产一艘无畏舰所需的成本足以得到 100 艘这样的船只。

此前，运载能力一般考虑的是乘客的体重，但在以战争为目的的情况下，这一数字可以大大增加。最新型船只的运载能力可以达到 20 吨。这样的船只可以一次性运送 200 名全副武装的人，100 艘船组成的舰队可以在一次行动中实现 2 万人的登陆。

但是，使用炸药的可能性要大得多，可以毫无风险地造成破坏。一艘配备对应仪器的齐柏林飞艇可以非常安全地在高空航行，在绝对黑暗的环境中根据两个无线装置准确地锁定攻击点，投下大量的炸药，并重复这一过程。

一些专家对炸药的破坏力表示怀疑，但事实是，三吨炸药爆炸产生的震动甚至能在30英里外感觉到。如果将十吨炸药投放到一个大城市的中心，将导致亿万生灵的死亡，数亿财产毁于一旦。假设一支由100艘这样的飞艇组成的舰队在夜间经过英国上空，投下10万颗20磅的炸弹，又有谁知道会产生怎样严重的破坏，会使英国人的士气消沉到何种地步？

据报道，战争爆发时，德国人已经设计出一种能够产生有毒烟雾的炮弹，其破坏力可想而知。据说不久之前，法国生产出一种名为松脂石的奇异毒气。这一消息最初来自军方，因而受到了相当的重视。它的发明者是尤金·特平[1]，一位天才且成果颇丰的化学发明家。

借助炸弹投放有毒或窒息性气体的想法由来已久。权威人士称，在第二次围攻巴黎时，德国就向凡尔赛的军队投掷了一些装有毒气的炸弹，但唯一的成果是杀死了装填炸弹的专家。人们对在战争中使用有毒物质有一种自然的、根深蒂固的排斥，那些能够容忍目前投入战争的其他可能带来死亡的方法的人，都会在这种手段面前退缩。然而，许多已知的毒素导致的死亡并不那么痛苦，也不会毁容。

在缺乏事实佐证的情况下，我将努力对如何有效提升这种手段的作用进行简要说明。首先，让我们想象一枚大炮弹，它在击中地

---

[1] 法国化学家。从事爆炸材料研究。

创新：特斯拉传

面时，会释放出一种密度等同于空气的有毒气体，这些气体以半球状扩散，有效半径为 1000 英尺。现在想象一下，这枚像等量电荷一样内容物分布均匀的炮弹被分成 100 万份，就会有这么多的小炮弹散布在广阔的空间中。那么，由于气体的体积与之前相同，每枚小炮弹的作用半径将是 10 英尺，它们的综合破坏力将是大炮弹的 100 倍；事实上，由于气体的分布并不均匀，它的破坏力要比想象中大得多。我们会发现，关键在于大量使用规格较小的炸药。

同样的推理可以得出这样的结论：在箭毒或类似毒药中浸泡过的微小钨弹可以麻痹人的心脏或运动功能。这将提供一种更有效的战斗手段。使用密度大于空气的毒素或窒息剂会使进攻手段发生彻底的革命。这可以用一个例子来说明。

让我们假设，有一艘携带了 10 吨这样的液化气体的飞艇。如果将这些气体从空中投放到战场上，这些气体的蒸发将在地球表面形成一层覆盖物，其有效高度可以假设为 10 英尺。如果 10 立方英尺内的气体重 1 磅，那么地球将被重达 10 吨、体积为 20 万立方英尺的气体覆盖。在这一过程中，这些气体可能或多或少被稀释，毒性也有所减弱。我们假设它的毒性不超过一氧化碳，也就是说，在大气中的浓度超过 0.5% 时才会造成死亡。这意味着这些气体可以被稀释至 4000 万立方英尺的体积，在高度仍为 10 英尺的情况下，将覆盖地表 400 万平方英尺，也就是大约 100 英亩的面积。而如果这发生在人口稠密的城市，由于建筑物和其他设施占据了一定的空间，这种气体的影响范围会进一步扩展。

这已经足够危险了。但如果使用一种毒性等同于普鲁士酸、乌头碱或目前最强的毒药假乌头碱的气体，其破坏范围将会再大上100倍。显然，对战争负有重大责任的化学家也有可能找到迫使战争迅速结束的方法。

远程自动化是指对自动推进装置的感知和平移运动进行无线操控。我曾在15年前首次展示这一技术的应用，结果成功引起了人们的兴趣，得到了只有少数发明才有机会获得的巨大关注度。我在德国和其他国家反复演示我的发明，但由于采用的是赫兹波和不完美的调谐电路，人们普遍认为，这种远距离控制装置并不是那么可靠。

还有人进一步提出，即使这种方法不会失败，那么比起将它投入战场，还不如做好牺牲志愿军的准备。在这样的情况下，志愿军依旧更加可靠，因为无生命的机器并不具备智慧和判断力。那些主张安排专人操控航空鱼雷的人同样持有这种观点。但没有比这更严重的错误了。作为攻击手段而言，一艘搭载了合适的无线设备的无人船只在各方面的表现都更为优秀。

德国现在制造的大炮既昂贵又短命，每一次发射都意味着一笔高昂的支出。未来，我们会生产出射程更远、破坏力更大的远程自动航空鱼雷。它每次都能精准命中目标，这样一来便无须使用大炮。

这种新技术同样可以应用于潜艇，特别是在高海拔环境下，它将提供迄今为止最完美的海岸防御手段。但是，只有当那种能够与地球共振的电波得到普遍使用时，人们才会真正认识到这种技术的广阔可能性。届时，我们可以向数百英里外派遣无人船或气球，使其沿我们希望的任意路径航行，并在指定地点展开轰炸。

创新：特斯拉传

到那时，许多现有的手段和方法将会过时。如果这场战争持续下去，将会进一步证明这种技术的重要性。最新的报告表明，德国正在进行使用气球投放远程自动鱼雷的实验。

这场灾难性的动乱一个好的影响是，未来会出现一个很长的和平时期。这是作用力和反作用力总是大小相等这一定律下的自然结果。但就人类目前所处的发展阶段而言，偶尔的动乱是正常的。一场规模更大的斗争即将到来，那就是东方和西方之间的斗争。

只要存在民族和国家的不同，就会有爱国主义。想要建立永久和平的话，我们必须从心中根除这种感情。它的位置必须由对自然和科学理想的热爱来填补。科学和发现是实现这一目标的伟大力量。

我最新公布的一项发明能够为电气工程师们提供制造高强度电压和电活动的方法，由此能够产生丰富而奇妙的结果。人类的声音和形象无需电线便能在全球范围内传播，能量将能够在太空中传递，海洋中的废弃物不再会对航行安全产生威胁，运输将变得更为便利，人们将能自由地制造降雨，也许，我们还能从原子能中释放出取之不尽的原子能。

未来，这些进步将消除战争的物理原因，特别是这个星球的广阔性所带来的最主要的影响。距离问题的逐渐解决将使人与人的联系更加紧密，使他们的观点和愿望得到协调和统一。人们将实现对自然力量的驾驭，从而消除贫困和苦难，为安全和舒适的生活提供各类保障。

但是，要实现人类智慧的胜利，还少了一步。必须找到一种对人类思想加以解释的方法，从而将所有形式的人类努力进行精确归纳。这个问题是可以解决的。

这种进步的意义是不可估量的。人类历史将会开启一个新纪元，道德、社会和其他方面的巨大革命将会完成，无数麻烦的根源将得到消除，我们的生活将向着好的方向发生深刻的改变，并为和平的到来奠定崭新的、坚实的基础。

（本文是作者于1914年12月20日出刊的《纽约太阳报》上发表的文章）

太阳能推动人类活动进步
Tesla's Lectures and Articles

就探索人类可利用能量的问题,我们给出了三种可能的解决方案。其中,利用太阳能的方案是最为可行的。这不仅因为它具有一系列优势,还因为它与影响人类活动的许多因素和条件密切相关。

为了使这一方案能够得到更为系统的推进,我有必要详细说明一下自己的想法。正是这样的想法一直推动着我,使我在不懈的努力中寻找到了实现这一方案的方法。

作为对这一问题的初步研究,我对使物体向前运动的主要因素进行了调查分析。这很有意义,特别是我们将"速度"作为一个抽象概念使用的情况下,比如用来表示人类可利用的能量。但是如果在此详细论述这个问题——尽管我很乐意——就会偏离主题了。只要知道,这些因素的共同作用最后总会表现为向着理性的方向发展,就可以了。也就是说,人类活动的发展方向总是由理性决定的。

第二部分 // 特斯拉的文章及演讲

每一项科学的、合理的、有用的、实用的努力，都要顺应这一发展方向进行。那些务实而理性的人，那些善于观察的人，那些富有商业头脑、懂得在做决定之前先进行分析和计算的人，会小心地运用他们的智慧和努力，使其在顺应发展的方向上产生效果，从而使效率最大化。他们成功的秘密就在于所掌握的那些知识和能力。每一个新发现的事实，每一种新获得的经验或新的元素，都会进一步丰富我们的知识，并被赋予"理性"这一属性。它们都会产生一定的影响，使人类活动的发展方向发生变化。但是，只有在变化的方向和努力的方向一致时，我们才会说，这种努力是合理的，也就是说，自我保护的、有用的、有利可图的、实际的。这种努力关系到我们的日常生活，我们的需求和享受，我们的工作和事业。正是这些努力推动着人类不断前进。

但是，看看我们周围这个忙碌的世界，看看这个每天都在发生各种运动和位移的复杂物质宇宙，简直是个由发条驱动的机械钟表。早晨起床时，我们就会发现，周围的一切都是由机器制造的。我们使用的水是由蒸汽动力运输的；我们早餐所需的食物是通过铁路运输从远处送来的；我们住宅和办公楼的电梯，载我们上班的汽车，都是由能源驱动的。在我们所有的日常事务中，在我们对美好生活的各种追求中，对能源的需求无处不在。我们看到的一切都在提醒我们这一点。当我们晚上回到由机器制造出来的住宅时，我们舒适的家，我们令人愉快的炉子和灯，都在提醒我们，我们的生活是多么依赖能源。当机器意外停止运转时，当城市被大雪覆盖时，当维持生命所需的某些要素突然陷入短缺时，我们惊恐地意识到，如果

创新：特斯拉传

没有动力，我们的生活将无法维系。动力意味着工作。因此，加速人类活动的进步意味着需要进行更多的工作。

因此，我们发现，增加人类可利用能量这一重大问题的三种解决方案可以概括为这样三个词：食物、和平、工作。许多年来，我一直在思考这一问题，沉浸于各种假设和理论，把人类看作在外力作用下运动的物体，从力学的角度看待人类那些不可思议的行为，并以简单的力学原理对其进行分析。最终，我得出了上面所说的三种解决方案。这时我才意识到，这些是我早在幼年时期便学习过的。

如今，我已经掌握了它们在科学层面上的意义：食物增加能量，和平减少阻力，工作推动人类活动的进步。只有这三种办法能够解决我们面临的问题，它们的最终目标是一致的，即增加人类可利用的能量。工作、不懈的努力、有益的积累，以及为提高工作效率而进行的休息和恢复，是这一过程中主要的、不断重复的环节。因此，我们受到科学的启发，为推动人类活动的发展而竭尽全力。这是我目前着重关注的、最重要的人类问题。

（本文节选自作者于1900年6月出刊的《世纪插图月刊》上发表的文章《关于增加人类可利用能量的问题》）

从自然界获取能量
Tesla's Lectures and Articles

在化石能源之外，我们还可以从许多物质中获得能量。例如，石灰岩中就蕴藏着大量的能量，在与硫酸等物质发生反应的过程中，这些能量会以碳酸的形式释放出来，可以用来驱动机器。我曾经制造了一台这样的发动机，它的运行情况很是令人满意。

但是，无论我们未来使用的是什么一次性能源，出于理性的考虑，它必须是无须消耗任何资源便可获得的。我很早以前便得出了这一结论。而要达到这样的结果，似乎只有两种方法可供选择——要么对储存在自然界物质中的太阳能加以转化利用，要么将太阳能输送至某一无须消耗任何资源便能获得能量的环境中。当时，我立即放弃了后一种可能，认为它完全不可行，转而研究如何实现前一种方法。

令人难以置信的是，事实上，人类在很早以前就已经拥有了一

创新：特斯拉传

台能够从周围环境中获得能量的优秀机器。这台机器就是风车。与普遍观念相反的是，风能够提供非常可观的能量。那些蒙昧无知的发明家花费数年时间，致力于"控制潮汐"，有些甚至提出用潮汐或海浪的力量对空气进行压缩，从而提供能量。他们却从来没有注意过山上那座古老的风车，它像是在悲伤地挥舞着手臂，让他们停下来。事实上，在商业领域中，波浪或潮汐发动机完全无法与风车竞争，风车是目前为止最好的机器，可以以更简单的方式获得更多的能量。对于过去的人类而言，风能的价值是不可估量的。在它的帮助下，古人成功跨越了海洋。直到现在，它也是旅行和运输中一个非常重要的因素。但是，这种理想而简单的太阳能利用方法存在很大的局限性。相对于能够产生的能量而言，这种机器本身过于庞大，且无法持续稳定地提供能量。储存能量的需求使得生产的成本进一步提升。

获得能量的更好方法是利用太阳光。太阳不停地照射着地球，最大能够提供每平方英里超过 400 万马力的能量。虽然许多地方每年平均接收到的能量只是这个数字的一小部分，但只要发现了有效利用太阳辐射的方法，就能开辟一种取之不尽、用之不竭的能源。在我开始研究这个问题的时候，我只知道一种可行的方法，那就是借助某种热能或热动力驱动的机器引擎，从太阳辐射蒸发锅炉中的水的过程中获得能量。但是，如果对这种方法进行更加精确的研究和计算，我们就会发现，尽管能够从太阳光中得到规模庞大的能量，但在这一过程中，能够实际利用起来的只有一小部分。此外，太阳辐射能够提供的能量同样存在周期性的变化，这使得这种方法面临着和风车相同的限制。我对这种方法进行了长期的研究，考虑到锅炉的庞大体积需求、热机低下的效率、储存能量的额外成本以及其他缺点，得出了这样的结论：除了极少数情况，这种"太阳能发电机"是不可能应用于工业领域的。

另一种不消耗任何资源便能获得能量的方法是利用土壤、水或空气中的热量驱动发动机。众所周知，地球的内部有着极高的温度。我们能够观测到，越是接近地球中心，温度就越高，以每100英尺上升大约1℃的速度攀升。假如我们开凿一口深1.2万英尺的竖井，并在竖井底部放置一口锅炉，锅炉的温度就会上升大约120℃。这存在一定的困难，但并非无法克服，我们可以通过这种方式利用地球内部的热量。事实上，要想从地球储存的热量中获取能量，根本不需要达到这样的深度。地球表层和接近地球表层的大气的温度足以蒸发一些易挥发的物质，我们可以用这些物质替代锅炉中的水。毫无疑问，在海洋上行驶的船只只需要从水中吸收热量，就能够使这样的液体蒸发，从而获取前进的动力。不过，如果只使用这种方式，获得的动力将是非常有限的。

自然界中的放电现象同样是一种可能的能量来源。闪电这一放电现象会释放大量的电能，我们可以对其进行转换和储存。几年前，我公布了一种电转化的方法，使第一个环节变得更加简单，但储存闪电的能量依然有着很大的难度。此外，众所周知，地球上的电不断进行着循环，地球表面和各个大气层之间都存在电势差，这种电势差的大小与高度有关。

在最近的实验中，我发现了与此相关的两个重要事实。其中之

创新：特斯拉传

一是，地球的自转或是公转导致地球表面和高层大气之间产生了电流。然而，这个过程中并不存在能够持续传输电流的导体——除非空气也能发挥这样的作用。如果我们将一根电线与高层大气相连，就能形成一个有着很大表面积、接触点作用剧烈的导电终端，可以大大促进电子的运动。这样，我们就能通过在高处架设线路的方式获得持续的电能供应，但遗憾的是，这种方法能够获得的电能较少。

第二个事实是，高层大气的电性始终与地球相反。这样一来，我至少可以对我的观察结果做出如下解释：地球、地球表面的绝缘层和导体外壳构成了一个高度带电的电容器，其中很可能含有大量的电能。如果能将电线连接到海拔很高的地方，我们或许就能对这些电能加以利用。

随着时间的推移，我们很可能会开发出其他未知的能源。我们甚至可能实现单凭磁力或重力驱动机器。这听上去有些匪夷所思，但并非没有实现的可能。我们可以通过一个简单的例子，对我们希望实现的目标和我们永远不可能实现的目标加以说明。想象一下，一个由某种同质材料制成的圆盘正绕空中一个平行于地表的无摩擦轴承匀速转动。在上述条件下，这个圆盘处于完全平衡的状态，可以在任何位置实现静止。现在，我们能够实现的是，探明这个圆盘是如何在我们不进行任何干预的情况下保持旋转，并在重力作用下做功的。但圆盘是不可能在没有任何外力的情况下旋转并做功的。如果它能做到这一点，它就会成为科学上所说的"永动机"——一台自己产生动力的机器。要使圆盘在重力的作用下旋转，我们只需发明一个抵御重力的隔板。这样一来，圆盘的一半将不会受到这种力的作用，从而使整个圆盘发生旋转。至少，在彻底探明引力的性质之前，我们不能否认这种可能性。假设这种力是由一种运动引起的，比如一种从空中向地心的气流，那么这种气流会对圆盘的两半产生相同的影响，圆盘并不会旋转；但如果其中一半被隔板遮挡住，它就会进行旋转。

（本文节选自作者于1900年6月出刊的《世纪插图月刊》上发表的文章《关于增加人类可利用能量的问题》）

第三部分 //

关于特斯拉的报道

人类的未来与蜜蜂
Reports about Tesla

尼古拉·特斯拉，这位闻名于世的科学家指出：人类未来的社会形态将与蜜蜂的社会形态极为相似。

这就意味着，一种新的性别秩序即将到来，女性将居于主导地位。未来，我们将通过一个简单的便携设施实现实时沟通，飞机不再需要专人驾驶，而是无线驱动与控制的，能量的大规模、远距离传输不再需要进行线路的铺设。另一方面，地震将会更加频繁，温带的气候将变得更加极端。特斯拉表示，其中一些令人瞠目结舌的变化离我们并不遥远。

68岁的尼古拉·特斯拉静静地坐在他的书房里，审视着这个在他的助力下得到改变的世界，对那些将伴随人类进步而造访的变化进行预测。他高大瘦削，穿着深色的服装，目光坚定而深邃。他拥有非常可观的财富，却过着苦修者一般的贫穷生活。他对于饮食的搭配和分量，有着近乎偏执的要求。除了水和牛奶，他不会饮用任何东西。成年以来，他从未沉迷烟草。

他是一位工程师、一位发明家，但在此之上，首先是一位哲学家。虽然他痴迷于用天才的头脑将书本上的知识一一付诸实践，但他从未忽略对现实生活的观察。

上一个世纪[1]中，我们迎来了许多惊人的发现。在这些举世瞩目的奇迹面前，人们震惊不已，简直无法相信自己的眼睛。这是过去几代人所无法想象的。未来的50年，将发生更为翻天覆地的变化。

特斯拉在成年后不久就来到了美国，他在发明方面的天赋很快得到了认可。他那革命性的电力传输装置为他带来了大量的财富，于是，他开始建造工厂，首先是在纽约，接着是在科罗拉多，随后是在长岛。他在这些工厂里进行了无数的实验，取得了电学领域大大小小的各种成果。在特斯拉未满40岁的时候，开尔文男爵就做出了这样的评价：就电学研究方面的贡献而言，没有人比得上特斯拉。

"无线系统诞生之初，"特斯拉说，"我就意识到，这项电力应用方面的新技术将为人类发展带来前所未有的贡献。这是其他任何的科学发现所无法比拟的。人类面临的绝大多数问题都来自世界的辽阔，这阻碍了个人与国家的一系列近距离接触往来活动。而无线系统事实上消除了这种距离造成的隔阂。"

"无线系统可以传播信息、传送物质、输送能量，实现人与人之间更紧密的联系。"

---

[1] 上一个世纪：指19世纪。

创新：特斯拉传

"当无线技术得到完美应用时，整个地球会成为一个巨大的大脑。事实也正是如此。地球上的一切都是这个真实而富有韵律的整体的一员。人与人之间的实时沟通不再受距离的限制，可以随时随地进行联络。不仅如此，无论相隔多远，我们都可以通过电视看到对方的样子，通过电话听到对方的声音，像在进行面对面的交流一样。而且，届时使用的工具，将比现在的电话更为简单，甚至可以直接装进马甲口袋。"

"我们可以观看或收听总统的就职典礼、世界级的比赛、可怕的地震灾害、血腥的战争场面等事件，如同我们就在现场一样。"

"电力的无线传输一旦实现商业化，就会引发运输和传输业革命性的变化。如今我们已经实现了一定距离的影像无线传输，或许就在这几年内，这一传输的距离限制就将不复存在。30 年前，我们便利用电报系统实现了图片的传输，如今，我们采用的仍然是有线的方式。一旦电力的无线传输技术得到普及，现在的这种方式就会像电力机车问世后的蒸汽机车一样，显得原始而粗糙。"

女性——自由，乃至主宰

所有的铁路最终都将迎来电气化。如果有足够多的博物馆对这些蒸汽机车进行收藏，那么到了我们儿孙所处的时代，它们就和荒唐的老古董没什么区别了。

"无线能量传输技术最具价值的应用应该是在飞行器推进的领域。这会使飞机和飞艇不再需要携带燃料，不再受现有的飞行条件约束。届时，从纽约到欧洲只需要几个小时。这会使国界的制约不复存在，人们将朝着地球上不同种族统一与和平的目标迈出一大步。无线技术不但能够实现任何地区的能源供应，而且能够有效地推动国际利益的协调。它将实现国家之间的了解和理解，并消除分歧。

"现在使用的电力传输系统将被淘汰。由于在水中进行无线传输的损耗较小，未来建立的小型中继站将由空中站点和海底站点组成。它们的大小只有现在的发电站的一半或1/4。"

特斯拉先生也对日常生活中可能发生的巨大变化进行了预测："现在用于接收无线电的设备将在未来被更加简单的设备取代。静电等形式的干扰将得到消除，发射器和接收器都将在不受任何干扰的条件下运行。当天的报纸会在夜间于各家各户中'无线'打印出来。住宅中的热力、照明以及家用电器等设施都可以实现远程无线操作。

"飞行器的发展必将超过汽车，我衷心地希望福特先生可以在这方面做出重要贡献。停车问题将得到解决，商业交通和娱乐交通将在道路上得到划分。大型的城市中将出现带式传动的大型停车塔，从而解决停车的困难。道路的数量将会根据需求的不同而成倍增长，不过，如果人们的主要交通工具变成了飞行器，道路的存在也就不那么重要了。

"频繁的火山爆发代表着地球内部存储了大量的热能。未来，这些能量会被应用于工业领域。早在20年前，我就写过一篇相关的文章，我在文中设计了一个能将大气接收到的太阳的热能转化为人类能够利用的形式的流程。有些专家草率地认为，我不过是想要设计出一种永动机，并断言我的尝试必然失败。但我并不这么认为，

创新：特斯拉传

这个方案是经过了仔细研究和精心设计的,是一种合理的设想。"

特斯拉先生认为,女性的崛起将是未来最为深刻而重要的变化之一。

他指出："世界大战给人类带来了巨大的刺激。无论是受过训练的观察者,还是不谙世事的年轻人,都能明确感受到,一种新的观点已经在世界各地产生影响,对几个世纪以来人们习以为常的性别歧视发起了挑战。"

"女性正在为了争取性别平等而进行抗争,她们将建立一个由女性主导的全新性别秩序体系。不过,现代女性表现出的这种对女性进步的期望,实际上是人类内心深处某种更为强有力的存在的体现。女性对平等和进步的追求并不是在物理层面上对男性的拙劣模仿,而是一种智慧的觉醒。"

"过去,女性在社会中长期处于从属地位,这使她们的心智受到了一定抑制,或是遗传层面上的缺失。但现在我们已经知道,女性的智力并不比男性低。"

处于社会中心的女王

特斯拉就此进行进一步的阐释："女性的心智水平已然向我们证明,她们完全有能力获得等同于男性的智力成就。而且,随着一代又一代人类的发展,未来女性的能力必将得到进一步提升。在未来的社会中,女性将和男性一样受到良好的教育,她们的知识水平甚至可能会更高。她们的大脑中,那些长期以来处于休眠状态的才能将被激发出来。经过几个世纪的休息,她们的大脑活动将变得更加强大、更加有力。女性将抛开传统的束缚，获得震惊全世界的成就。"

"女性会通过自身的努力奋斗，对更为宽广的全新领域进行探索，并逐渐取得领导的权利。在这个过程中，女性的情感会逐渐变得迟钝，甚至最终消失，母性本能会被扼杀。婚姻和生育等过去女性必须承担的责任将遭到她们的极度厌恶，人类文明会逐渐趋近于完美的蜜蜂文明。"

蜜蜂有着一切非理性动物中最为高度组织化和智能化的社会协调系统，这来自蜜蜂的社会体系。蜂后天然的支配霸权保证了母系的权威，使所有的蜜蜂都服从蜂后。蜂后就是所有蜜蜂生活的中心。然而这种统治权并非是世袭的，任何一个卵都可能孵化出蜂后。当这个蜂巢中的所有蜜蜂都是她的孩子时，她就拥有了对这个蜂巢的主宰权。

畅想未来

蜂巢中有着数量庞大的工蜂，她们不具备生育能力，唯一的任务就是在辛勤的工作中收获幸福，这无疑是集体主义生活和社会化劳动的完美范例。在蜂巢之中，任何事物都属于公共财产，就算是卵也不例外。

另外，蜂巢中还有一种处女蜂，也叫作公主蜂，她们是从刚孵化的蜂后的卵中挑选出来的，并被仔细管理起来。一旦蜂后失去了产卵能力，她们中的一个就会被选为新的蜂后。蜂巢中还有雄性的蜜蜂，他们数量很少，却有着非常糟糕的生活习性。对于他们的存在，蜂群选择了容忍，毕竟还需要他们与蜂后交配。

待交配时机成熟之时，蜂后会进行一次新婚飞行，雄蜂则会受

创新：特斯拉传

到训练和管理。他们需要以生命为代价，参与一场组织严密的竞争。当蜂后飞出蜂巢时，守卫在蜂巢门口的雄蜂就会聚集起来，追随着她的身影飞上天空。蜂后是整个蜂巢中体形最大的，同时也是最为强壮的，远远胜过她的子民。她腾空而起，不断向上，雄蜂则紧随其后。慢慢地，一些追求者会因体力不支而落败，就此退出追逐，但蜂后依然向着更高处飞去。最终，天空中只剩下一只雄蜂。根据不可动摇的自然选择法则，他是雄蜂中最为强壮的。蜂后会与他交尾。而这只雄蜂在交尾后便会身体破裂，迎来死亡。

交尾后的蜂后拥有了成千上万个受精卵。它飞回蜂巢，开始繁衍下一代。

我们很难想象，该如何将人类与蜜蜂这种神秘而高度奉献的文明相提并论。可随着女性的智力不断进步，她们成为主宰之后，必然会为未来人类的繁衍而思考，其最终的表现形式就可能类似于蜜蜂。这个看起来荒诞不经的结论，却极有可能是真实的未来。当然，要想发展为蜜蜂的社会形态，必然要经历一个长期的过程。人类的习惯和风俗阻碍着这种简单而科学有序的文明的实现。要将这些固有的习惯和风俗逐一打破，可能会花费几个世纪时间。

面对未来，老年人只能想象，年轻人却从一开始便能看到征兆。今天的我们只能畅想未来，等待像特斯拉这样的科学家告诉我们，这个世界将在未来发生怎样的改变！

（本文是美国著名电台记者约翰·B.肯尼迪对特斯拉的采访，发表于1926年1月30日出刊的《科利尔周刊》）

死亡射线与球状闪电
Reports about Tesla

作为一位科学家,特斯拉反对战争,认为不管是在道德层面还是经济层面上,是在现实层面还是理论层面上,战争都是不应该存在的。但和很多科学家一样,当他从这个身份中跳脱出来,任由情感支配自己的思考时,他意识到,某些战争和特殊局势的到来是有其合理性的。作为科学家,他不希望自己的发明被用来制造战争;但在情感上,他又希望发挥自己的天赋,制造出能够阻止战争的防护装备。

下面一段话是特斯拉写于20年前的。这部分内容未曾发表,但能很好地佐证他的这一观点:

目前,世界上许多绝顶聪明的人正想方设法阻止战争的再度爆发。1914年12月20日,我在《太阳报》上发表了一篇文章,在其中准确地预测了那场战争的持续时间和主要矛盾。遗憾的是,为了捍卫和平,我们反而制定了许多惩罚性条款。毕竟在不久的将来,

创新：特斯拉传

各国或许不会在战争中动用军队、船只或枪炮。更为可怕的武器将投入战场，具有惊人的杀伤力和破坏力，且不再受距离的限制，能够轻易摧毁任何一座城市，没有什么能够阻止这种惨剧的发生。如果我们想要避免这场迫在眉睫的灾难，避免我们身处的世界变成这样一种地狱景象，就应该发动国家的全部力量，刻不容缓地投入飞行器和无线能源传输的研发工作。

特斯拉在自己的新发明中看到了避免这场灾难的可能性。这项发明体现出"死亡射线"的特点，是在上述论述提出的数年后完成的。他认为，这项发明提供了一种保护措施。所有的国家，无论是大是小，都可以用其抵御入侵。但谁又能保证，这样的武器不会被用于侵略？

我虽然不清楚特斯拉究竟在规划些什么，但我相信，其中包含许多具有商业价值的发现，而这恰恰是他应当加以发展的方向。在我看来，只要他对自己研究的某一次要方面略加开发，使其能够立刻用于商业用途，就能够获得一笔相当可观的财富，从而支持他开展更为复杂的研究工作。因此，我尝试从这个方向对他的思想进行分析，并相应得出了一系列切实可行的方案。对于特斯拉而言，这些算不上秘密，但他选择了避开这条通向无尽财富的道路。

特斯拉提出的一个概念深深吸引了我。这一概念在与他的谈话中零星出现。我推测，这与他设计的保护措施中一种可能的运转方式有关。虽然这一话题建立在"战争"的角度上，让我感到反感，但其中提到的"球状闪电"和"电光火球"引起了我的兴趣。他口中的"电光火球"令我深深痴迷，我甚至读遍了所有和它相关的文章和材料。

电光火球是一种与闪电有关的奇特现象，看起来像是把闪电的部分能量封锁进了一个球状物。它并没有固定的大小，直径从几英寸到一英尺不等，呈现为一个完美的球体。它像白炽灯一样发着光，在空气中如气泡般飘浮，并随着气流移动。电光火球持续的时间很短，有的转眼就消失了，最长的也不过持续几秒钟。其间，它会贴近地表，但并不会损坏附近的物体，或被它们损坏。突然，不知为何，电光火球爆炸了，如同炸药一般摧毁周围的所有事物——如果处于空旷地带，则不会造成任何危害。

在我看来，电光火球就像一个放大了的电子模型——电子是物质的基本构成单位之一，是一个含有一定能量的球体。一个如气泡般的火球，究竟是如何储存如此庞大的能量的？如果我们能揭开这一秘密，或许就能对电子及其他构成物质的基本粒子结构有更为清晰的认识。此外，这种储存能量的方法还可以在许多领域得到实际应用。

带着这样的想法，我找到特斯拉，希望他就此进行进一步的开发。但他并没有直接给出答复，而是对我轻信原子复杂结构理论的行为大加批判。虽说他早些年曾在位于科罗拉多斯普林斯[1]的实验室分享过自己与电光火球相关的经历，还就其形成的原理进行了解释，但后来，他再也没有提及这种现象，电光火球也没有在他设计的系统中出现过。他拒不回答我就此直接提出的问题，我试图通过他的否定回答缩小范围，也很快被他发现了。我不由怀疑，这个问

---

[1] 美国科罗拉多州中部城市，位于派克峰山脚、落基山脉东缘。

创新：特斯拉传

题大概具有敏感性。当然，我的猜想也可能是错误的。

1899年，特斯拉在科罗拉多斯普林斯进行实验时，意外制造出了电光火球。在他的实验过程中，电光火球不止一次出现，发生爆炸，摧毁了天线，也破坏了实验室中的一系列仪器。他逐渐认识到这种现象的强大破坏性。他观察到，一旦这种巨大的破坏力得到释放，电光火球就会消失。他对这种现象进行研究，并不是为了制造电光火球，而是希望明确其产生条件，从而找到将其消除的方法。毕竟不会有人希望这种能够摧毁一切的电光火球在自己身边爆炸。

想要还原他的研究，我们需要将零碎的记录和过去记忆中的信息进行拼凑。

问题出在主回路的寄生振荡，或者说，寄生回路之中。主回路中某电阻的异常可能导致回路两端或者回路内的两点之间产生小型的振荡回路。这种小型回路的振荡频率远远高于主回路，且能够在频率更低的主回路电流作用下运行。即便能够对所有可能导致损耗的因素加以限制，使振荡电路的工作效率最大化，随机接地电流散乱产生的高频电荷依旧会导致电光火球的产生。这样看来，电光火球是在两种不同频率的振荡的相互作用下产生的，来自一个施加于低频自由振荡的主回路上的高频散乱振荡。

主回路的自由振荡会在原点至1/4波长点之间呈现出不同的变化率，且电流的波长越短，变化率就越高。两组电流相互作用的过程中，会产生一种变化率极高的波，瞬间可达百万马力。

这就像一个触发器，能将长波中的强大能量在极短的时间内以极大的速率释放出来。由于能量释放的速度太快，它会从金属电路中逃逸出来，剧烈地释放到周围的空间中。

就这样，高频电流在剧烈的反应中转化为低频电流。一旦我们深入了解了这个过程，就可以在其基础上制造出一个能够主动产生这种反应的系统。下面我将分享一种可行的方法，但目前并没有证据表明，它是由特斯拉提出的。

在科罗拉多斯普林斯的实验室中，特斯拉曾尝试在地球周围设置振荡器，以实现能量的无线传输。我们同样可以使用这一装置，将其振荡的频率设置为某一艘海军战舰的谐振频率。复杂的船只结构会提供许多能够进行电振荡的点位。发生在这些点位上的电振荡频率会远远超过以整艘船为回路的振荡频率。这些寄生回路中的电流会与主回路中的电流相互作用，产生电光火球，并引发能够摧毁整艘船的爆炸，威力远远超过引爆弹药库。此外，还可以设置一个次级振荡器，用于传输波长较短的电流。

直到后来，我才知道特斯拉不怎么讨论此事的原因。那是内维尔·张伯伦[1]卸任、斯坦利·鲍得温[2]或将成为新一任英国首相时的事情。

特斯拉透露，他曾和张伯伦首相进行谈判，准备以 3000 万美元的价格将自己的射线系统出售给英国。他的这套系统能够为不列颠群岛提供全方位的防护，能够抵御来自海面和空中的任何进攻，并提供一种无法抵御的攻击性武器。他表示，自己相信张伯伦首相

---

[1] 英国政治家。1937 至 1940 年出任英国首相。

[2] 英国政治家。1923 至 1924 年、1924 至 1929 年、1935 至 1937 年三次出任英国首相。

创新：特斯拉传

的诚意，相信张伯伦首相会利用这套系统阻止即将爆发的战争，使得法国、德国和英国关于维持欧洲平衡态势的协定得以持续。然而在慕尼黑会议上，张伯伦未能维持欧洲的平衡态势，英国不得不换上一位新的首相，使欧洲的力量核心之一从德国变为苏俄。鲍德温并不认为特斯拉的计划有什么可取之处，谈判就此终止了。

这次与英国政府合作的失败使特斯拉十分沮丧。他就这样失去了证明自己的最新发现的机会——在他看来，这是他最为重要的发现。不过，他没有太过在意这个问题。除了在一次谈话中略有提及之外，他再也没有主动提起过这件事。此后，他也未曾在这个问题上获得资金支持。

在谈判期间，曾有人试图窃取特斯拉的发明成果。有人进入他的房间，翻动了他的文件。但这个小偷——或者说间谍——最后空手而归。事实上，他的发明并不存在被盗的风险，因为他从来没有将相关的内容写在纸上。特斯拉将实验的所有细节都保存在他的大脑里，他晚期的所有重大发现也都是如此。

特斯拉的这套系统究竟是什么样的，现在已经不重要了。伴随他的离世，这套系统也从世界上消失了。如果我们能够通过某种方法沟通此生与来世，或许就会发现，特斯拉正在天堂注视着人类，并试图通过某种隐晦的方式，将他取得的成果传授给人类。但如果我们无法实现这一点，就只能等待一个新的特斯拉的出现。

（本文为约翰·J. 奥尼尔所著《浪子天才》一书中，未经出版的第 34 章内容）

神奇的尼古拉·特斯拉
Reports about Tesla

本文是一篇对特斯拉的采访。这位现代的奇迹创造者,掌控着太阳光。他发明了无线电力传输系统,创造了能够随时进行面对面交流的电话,发现了运用电的力量使土壤变得肥沃的方法,甚至能够制造出日光。

在尼古拉·特斯拉的实验室里,你需要有世界上最为坚定的意志。如果你有机会进入这个奇迹制造厂,目睹这个年轻人动一动手指就能引发的壮观景象的话,一定会感觉头晕目眩。

设想一下,你坐在一间宽敞明亮的房间里,周围堆积着各种奇形怪状的机器设备。这时,一个又高又瘦的年轻男子向你走来。他打了一个响指,手中就出现了一颗跃动着的红色火球。你会惊讶地发现,他十分平静地将火球握在手中,却完全不会被火球灼伤。他让火球落到自己的衣服上、头发上,甚至落到你的膝盖上。最终,

创新：特斯拉传

他把火球收进了一个木质的盒子，不曾留下一点儿痕迹。你大为震惊，怀疑自己是在做梦。

那个诡异的火球就这样奇迹般地出现，又奇迹般地消失了。接下来，那个又高又瘦的年轻人让他的助手关上所有的窗户，这个房间顿时变得像山洞一样，漆黑一片。他操着那口外国口音，略显疲惫地宣称："朋友们，现在我要为你们制造光明。"话音刚落，整个实验室中出现了一种奇怪的光线，像月光一样柔和，又像太阳光一样明亮。你抬起头，发现所有的百叶窗都紧紧闭合着，一点儿光线都透不进来。遍观四周，没有哪里存在着光源。你想象不出，自己看到的光究竟来自哪里。

当你还沉浸在惊讶之中时，年轻人按动手中的按钮，光就消失了，整个房间重新陷入黑暗。随后，男子让助手重新打开窗户，又从笼子里取出几只动物，绑在一个平台上。助手接通了电源，一股电流穿过动物的身体，只一瞬间，它们就没了气息。年轻人示意大家看向指示器，上面显示电压的强度只有 1000 伏。助手们将死去的动物移走后，他竟然自己跳上了平台，助手再次接通了电源。

你的脊背一阵发凉，不知所措地看着指示器上的数字一路攀升，慢慢到了 900 伏，直至 1000 伏。你不由自主地闭上眼睛，不愿意看到这个年轻人就这样死在自己面前。他依旧站在那里，丝毫没有退缩。电压继续上升，很快就超过了 1 万伏，最终在 200 万伏的数字上停了下来。庞大的电流正穿过这位年轻人的身体，他却依旧面不改色。

在他的示意下，电流停止了，整个房间重回黑暗。不一会儿，来访者竟在黑暗中清晰地看到了那位年轻人的黑色剪影。他的身体周围散发着一圈美丽的电晕,那是从他那又高又瘦的身躯中逃逸出的无数电火花形成的。房间里再次亮了起来,男子走上前来和你握手。一种扭曲感袭遍你的全身,你感觉,自己好像握着一块强力电池。这个年轻人简直是一根活的"带电电线"。

我们对特斯拉进行的奇特现象的描述,只能给各位带来一个模糊的概念。想要更深刻地了解它们、欣赏它们,就必须亲自去看、去听、去感受。这是一场难得一见的科学盛宴,只有极少数的人拥有享受的权利。特斯拉的实验室并不对外开放,要想获得参观的资格,就必须由特斯拉的朋友进行引荐。

"哦,那不过是些玩具。"每当来访者对这段奇妙的经历大加赞美时,特斯拉就会这么说,"它们都算不上什么,在伟大的科学世界面前,简直不值一提。来吧,我现在就带你们见识一下真正有价值的东西。一旦我成功让它运转起来,就会给商业和日常生活带来巨大变革。"于是,他带领大家穿过奇形怪状的圆盘和神秘的金属线圈,最后在一堵砖石结构的墙前停了下来。那里有一个玻璃筒,里面装满了水,周围是一圈大镜子。这个装置的顶部是玻璃材质的,阳光能够从顶部进入,照射到镜子上,再由镜子反射到玻璃筒上。玻璃筒前还有一面放大镜,将阳光进一步聚焦。

"这是一个装置的实验模型。我希望有一天,我们能通过这种装置,实现对太阳光的利用。它将为工厂中的每一台机器提供能量,为奔驰在道路上的每一列火车、每一驾马车提供动力。它将使家家户户的炉灶熊熊燃烧,使夜晚如同白昼一般明亮。总而言之,它将

创新：特斯拉传

取代木材和煤炭，成为一切动力、热力和电力照明的能量来源。"

以太阳光的能量满足人类活动的需求，这可能是尼古拉·特斯拉的设想中，最为大胆的一项工程。从未有人实现过这样的壮举。不过，这个伟大想法背后的原理其实非常简单，连小学生都能很快理解。就是通过一系列的镜子和放大镜，将太阳光的能量集中到玻璃筒的一个点上，这样聚集起来的热量是相当惊人的。

这些热量会传递到装有水的玻璃筒上。其中的水经过特殊化学处理，能够迅速蒸发。生成的水蒸气会由管道输送至另一个空间，在那里驱动一台常规结构的蒸汽机。蒸汽机的功率大小，取决于玻璃筒装置的大小。这台蒸汽机的作用是发电，其产生的电能可以直接使用，也可以储存在蓄电池之中，在没有阳光的日子里提供能量。

可以看出，特斯拉希望在不使用木材、煤炭或其他传统燃料的情况下制造出水蒸气。这项发明的后续环节利用了由太阳能制造的蒸汽压力，这是由于目前全世界都在使用由煤制造的蒸汽压力。特斯拉的发明有着显著的优势。这种蒸汽发电能够提供足以推动100辆有轨电车的能量，而其成本要比使用煤炭的方法小得多。根据特斯拉的计划，一旦这种太阳能发电站建成，100辆电车所需能量的成本不过是维持发电站运转的几个工程师的工资。

"如此一来，电将变得极为便宜。"特斯拉先生说，"就算是最穷的工厂老板，也负担得起这种比蒸汽成本更低的发电方式。电力将就此取代蒸汽，以蓄电池的形式为所有的陆地和水上交通工具提供动力。穷人同样能够从中受益，它的价格远远低于木材、煤炭或石油，能够用来烹饪、照明、取暖。"

当然，特斯拉先生并不认为，仅仅一个发电站就能提供全世界人民所需的能源。他的计划是，政府利用公共税收的资金，在每个城市和乡镇都建造一个或多个太阳能发电站，供当地居民使用，就像这些地方现有的自来水厂和燃气厂一样。这样一来，所有的工厂和普通家庭就可以通过普通电线，从最近的太阳能发电站获得电力。

特斯拉这一计划能给人类带来巨大的好处，这是显而易见的。另外，它将解决一个长期困扰科学家的难题：地球上的煤炭储备预计将在一千年后耗尽。到了那时，我们该以什么作为能源？当特斯拉第一次意识到这个问题时，他就着手发明一种无须消耗煤炭的发电方式，结果就是这个利用太阳能的计划。

另外，特斯拉还发明了无线传输电力的方法。这样一来，我们可以在发电成本较为低廉的地方建设太阳能发电站，再通过无线传输的方式，将电力输送到那些发电成本高昂，或者根本没有办法建设太阳能发电站的地方。

当然，我们现在已经可以通过电缆将电力从一处传输到另一处。然而，架设电缆的成本非常高，几乎等同于建设一座新的发电站的成本。如果采用特斯拉的方法，我们就可以通过空气实现电力传输，将电力以几乎没有成本的方式从一个城市传输到另一个城市。

为了实现这种以空气取代电缆的传输媒介变革，特斯拉计划在尼亚加拉等存在大瀑布的地方建立巨大的水力发电站，将发电成本降至最低。

每座发电站的顶部都会是一座高塔，塔顶配置一个巨大的气球。发电站产生的电力将通过电缆输送至高塔，传输到气球上，再

创新：特斯拉传

通过气球释放到空气中。由于这个高度的空气相当稀薄，而特斯拉已经证明，稀薄的空气是电的良好导体，我们就可以通过这种方式实现任意距离的电力传输。

特斯拉计划的第二步是在必要的地方建立接收站。这些接收站将用来接收并存储那些从几英里外的发射站释放到空气中的电能。接收站的顶部也有和发电站一样的高塔和气球，上面配备有从大气中接收电能的装置。这些电能将被输送到地面的接收站，再通过电线传输到周围各个地区。

我们可以看到，在这个方案中，特斯拉计划通过瀑布的作用获得电力。而在前面提到的另一个方案中，他选择利用太阳能实现相同的目的。在他看来，这两种方案并不会相互排斥，相反，如果它们都实现了广泛应用，甚至可以相互配合使用，为人类的共同利益做出贡献。"在自然条件适宜的地区，可以利用瀑布发电，"特斯拉说，"其他地方则可以选择太阳能发电的方法。无论建造的是哪种发电站，无线电力传输技术都能够展现出同样优秀的效果。"

特斯拉的很多发明着眼于日常生活需求。在这一方面，最为先进的无疑是无线电报。特斯拉计划成立一家公司，专门进行公共电台的建设工作。这项发明的原理已经广为人知，不需要详细地说明。简单来说，它包括扰动地球电流的装置，和位于另一处的接收这种扰动的装置。不同形式的电流扰动会在接收设备上呈现为不同的形式，这样一来，就很容易进行解读。

为了那些对科学不甚了解的人，这位伟大的发明家向我这样描述了他的无线电报发明："想象一下，在你的面前有一个装满了水的巨大橡胶袋。我在这个橡胶袋中插入一根带有活塞的橡胶管，一旦我推动活塞，就给了水一个压力，橡胶袋就会在压力的作用下膨胀起来。

"当我将活塞抽回时，随着压力的减少，橡胶袋就会进行收缩，收缩量等于吸进橡胶管中的水的量。现在，如果我在橡胶袋的另一侧再插入一根带活塞的橡胶管，当第一根橡胶管进行活塞运动时，第二根橡胶管会有所感应，并发生相应变化。现在，第一根橡胶管的运动就代表着某个词语或句子，如果你观察第二根橡胶管发生的变化，你就很容易将其解读出来。这就是无线电报的基本原理。橡胶袋代表地球，水代表地球中的电流，橡胶管则代表用于发送和接收信号的振荡器。振荡器产生的一种扰动代表一个特定的句子。当第二个振荡器接收到这种扰动时，就能够确切地知道该如何进行解读。"

他所说的"振荡器"是一个巨大的圆盘，上面缠绕着数百匝绝缘的铜制电线，铜线的两端与圆盘的中心相连，那里有一个巨大的铜球。这个看上去很简单的装置，是无线电报唯一需要的装置。特斯拉将这个装置正面朝下放置，并接通电源，铜球就会放射出巨大的可见电火花。用于接收的振荡器上有一个精密的装置，会随着地球电流的每一次扰动而震动，并将其记录在专门的设备上。

特斯拉的众多发明中，最吸引人的一项被他称为"可视电话"。有了它，一个人可以在和千里之外的朋友打电话的同时，通过接收器观察对方的表情，对其西装的裁剪情况进行评价，或者关心他疲惫的神态。这项发明的实验装置已然获得成功，运用了光波会如声

创新：特斯拉传

波一般对大气产生影响的原理。

"既然人类的声音可以通过电话传播到遥远的地方，那么人类的形象也可以利用另一种电话，以光波的形式传播到遥远的地方。"特斯拉说，"光波的传播要比声波复杂得多，所以我们需要发明出一种更加复杂、更加精密的装置，对光波加以转换。硒是一种对光非常敏感的物质。我在前面所说的发射机中使用了这种材料，发现其在实验中展现出的效果非常符合我的要求。"

从多年以前，特斯拉就开始着手进行另一项伟大的任务。他希望夜晚的住房、办公室和街道也能像白天一样明亮。他打算发明一种新型的电灯，这种电灯能够发出强烈且稳定的光，就像太阳一样。

毋庸置疑，特斯拉成功制造出了这种灯。他向每一个来到实验室参观的访客展示一批大小各异的玻璃球。这些玻璃球如同一个个小太阳，中间是空心的，内部和外部都没有电线。它们不会产生太多的热量，摸上去一点儿也不烫手。不会像真实的阳光和普通的电灯那样刺眼。

这项发明被公之于众后，特斯拉会先将这些人造日光灯提供给纽约和芝加哥的知名摄影师，作为他们工作室的新型拍摄光源。

"我之所以选择将这种全新的日光灯率先介绍给摄影师们，"特斯拉说，"是因为在所有的行业中，摄影对光线的要求最为苛刻。如果他们能够接受这种日光灯，就意味着它在其他地方也能被接受。"

特斯拉还有一个颇具独创性的计划：利用电的力量，将贫瘠的土地变得肥沃。一旦他成功将这项发明推向市场，农民就无须花费半年的收入购置肥料，他们需要做的就是在最近的城镇买一台价格低廉的电动施肥机。

只要将松散的土壤倒进这台机器，就可以在另一头得到肥沃的土壤。将这些土壤撒在贫瘠的土地上，下一季的庄稼就能够有旺盛的长势。

一项简单的工作竟能产生如此奇妙的效果。特斯拉先生指出，背后的原理并不复杂。"人们都知道，"他说，"土地高产的秘密在于其中富含氮。人们也都知道，空气的4/5都是由氮构成的，就算贫瘠的土地上空也是如此。这让我想到一个问题：为什么农民要去购买昂贵的氮肥，而不对自己家门口免费的氮加以利用呢？农学家需要做的，只是找到一种将氮从大气中分离出来，并撒到土壤表面的方法。这就是我目前进行的工作。"

在普通人看来，这台电动施肥机就像一个带盖子的竖直铜圆筒，筒身整体螺旋缠绕着电线。其中两根穿过筒的底部，与一台特制的发电机相连。大量松散的土壤在经过某种神秘的化学物质处理之后，被倒进圆筒。接通电流后，空气中的氧和氢会被排出，氮则会被土壤吸收。就这样，农民能够在家中生产出和从千里之外高价购入的强效肥料效果一样好的肥料。

本文只提到了特斯拉先生那些已经结束实验阶段的发明。除此之外，这间充满奇迹的实验室里，还有成千上万项尚在起步阶段的新发明。特斯拉的一位崇拜者曾将这些发明比作"半醉的上帝所说的梦话"。我从中随机地选取了几个：向其他行星发送信号，用电复活死者，用恐怖的机器终结战争……

创新：特斯拉传

尼古拉·特斯拉还很年轻，正是因为这一点，他的许多构想被年长的科学家们视为年轻人的异想天开。他的那些伟大发明中，几乎没有一公布就被科学界接受的。但那些科学领域的智者迟早会承认，特斯拉已经证明了他们的理论是错误的。

想当初，他提出要将尼亚加拉大瀑布利用起来时，这些保守的科学家是如何嘲笑他这"乌托邦式的大胆设想"的啊！而等到发电站完工时，他们不得不收起了傲慢的姿态。"特斯拉线圈"刚发布时，科学家们又一次将他贬为"空想者"。可当他们之中最聪明的几个人对特斯拉线圈认真进行研究后，其中之一的伦琴竟然就这样发现了 X 射线。

凡是有幸实际接触特斯拉、听到他解释自己的计划、进入特斯拉的实验室参观的人，都丝毫不会对他的设想的成功实现产生怀疑。

（本文是昌希·蒙哥马利·麦格文于 1899 年 5 月出刊的《培生》杂志上发表的一篇文章）

伟大的发明家特斯拉——直觉敏锐的高岭之花
Reports about Tesla

尼古拉·特斯拉,这个总是独来独往的人,在交流电领域取得的成就曾长期遭到忽视。这段时间,他攻克了一个又一个难关。

在世人对交流电毫无兴趣、完全没有意识到它的意义和价值时,尼古拉·特斯拉选择投身这一领域的研究和开发工作。事实证明,他是幸运的。伴随着电力系统的飞速发展,交流电赶上了潮流。如今,特斯拉的声名鹊起并不是因为他取得了什么新的成就,而是因为他在过去的10年中艰苦卓绝而无可比拟的努力付出。

特斯拉不是土生土长的美国人,但这并不稀奇。有趣的是,许多为美国在电气工程领域居于世界之首的地位做出重要贡献的科学家都不是美国人。贝尔、汤姆森和韦斯顿来自英国,爱迪生差点成

创新：特斯拉传

为加拿大人[1]。史伯格，这个为实现铁路电气化做出重要贡献的人，倒是一位地道的美国人，但他的工作伙伴范·德普尔[2]和达夫特[3]则不然。和这些科学家一样，自从来到美国，特斯拉就扎根于此。这片土地给予他极大的欢迎，为他实现自己的设想提供了各种保障。

然而，与他那些优秀的同事相比，特斯拉有一些独特的品质，这使他显得如此与众不同。可以说，他不代表欧洲的任何一个国家，像一朵独立于这个世界的高岭之花。生活在高处的人们充满勇气，就像勇敢击溃入侵者的苏格兰高地人民和果断杀死侵略欧洲的土耳其人的亚得里亚海岸高地人民一样。

特斯拉祖国的人民过着平静的田园生活，他们热爱和平，但这并不意味着当和平受到威胁时，他们不会使用武力。他们时刻准备将牧羊钩换成长矛，将镰刀换成收割敌人生命的武器。远古时代，他们就在亚德里亚海岸的群山中耕种。在动荡的拿破仑一世时期，一位军官在战争凯旋途中路过此地，与当地的一位姑娘坠入爱河，继而成婚。就此，这个族群加入了新鲜的血液。特斯拉便是他们的后裔。

当年轻的特斯拉发现自己的关注点和爱好开始转向机械和电力时，离开祖国就成为一种必然的选择。当时的塞尔维亚正笼罩在土耳其残酷压迫的阴霾之中。就在这时，特斯拉听说了爱迪生这个象

---

[1] 爱迪生的父亲是荷兰籍加拿大人，在加拿大参加革命失败后，带领家人逃到美国俄亥俄州木兰镇，爱迪生就出生于此。

[2] 比利时裔美籍电气工程师、发明家，电气铁路领域的先驱。受电杆的发明者。

[3] 英国发明家、电气工程师，电气铁路领域的先驱。

征神奇的名字，听说了他的事迹。特斯拉意识到，自己应当前往这个伟大的人物生活的国家，亲眼见证一个拥有这样存在的国家是什么样的，并在那里寻找能让自己一展所长的机会。否则，自己一定会遗憾终生。刚来到这个国家时，特斯拉就像那些普通的移民一样位于最底层。他开始一步一步地摸索，寻找上升的途径。

刚开始，特斯拉对自己的状况非常满意。交给他的任务不算繁重也不算困难，他都能够轻松解决。但很快他就意识到，与其将时间花在解决他人的问题上，不如在那些自己感兴趣且颇具挑战性的问题上下功夫。毕竟他能够轻松理解并解决那些来自他人的问题，甚至无须外界的丝毫帮助。

特斯拉的直觉相当敏锐。在他为爱迪生工作期间，如果有人向他提出问题，往往问题说到一半，他就已经给出了6种解决问题的方案和10种绕过这个问题的方案。

特斯拉曾经对一位朋友这样说："如果我对脑海中产生的每一个设想都进行实际尝试，那么每天需要花费的金钱足以让两家银行破产。大多数发明家都有一个缺点，那就是缺乏耐心，不愿意在大脑中对问题进行推敲和梳理，从而确保自己的想法具有可行性。他们习惯于一产生新想法就立即着手试验，花费大量的金钱和高品质的材料，最后却发现自己一直在错误的方向上努力。当然，人人都会犯错，但如果能避免错误的发生，不是更好吗？"

开始进行实际研究后，特斯拉发现，当时在照明和电力领域进行研究的人使用的都是直流电。虽然直流电有诸多好处，但缺陷和问题也很显著。他意识到，要想在电力研究上取得新成就，就必须

创新：特斯拉传

创新，而非继续使用直流电。他认为，只有发明出交流电，才能最终解决直流电的众多缺陷和问题。

带着这样的想法，特斯拉的事业和研究迎来了一连串惊人的进展。学生时代时，他就意识到，换向器是电动机和发电机中最为脆弱的装置。鉴于它并非必须存在，就应当将它拆除。在他早期的所有研究工作中，这个问题一直困扰着他。虽然他在开发白炽灯和弧光灯时加入了一些直流电装置，但他始终坚信，这不是自己的目标。

8年前，特斯拉向美国电气工程师协会的专家们展示了一种没有换向器和电刷的电动机。这种机器能够转换"相"电流的极性，在最大程度上确保了交流电的经济型、灵活性和广泛性。整个学界为之轰动。从这一刻起，美国和欧洲开始使用这种多相电流。

这是电气照明和电气动力领域目前许多重要成就的基础。单相、双相、三相以及单循环电流都是这一方向上的成果。所以，特斯拉先生在研究的初期就将以上情况都归为"多相电流"。

对普通人来说，这些内容可能是通宵达旦思考也无法理解的。为了更好地进行说明，我们将对特斯拉在尼亚加拉大瀑布建造的巨型水力发电站进行介绍。这是多相电流的实际应用案例中，最为典型的一个。

这座水电站中有多达20台5000马力的发电机，都是特斯拉的双相电型的。这种方法有着根本性的优势，能够将长距离电力传输中的能量损耗压缩至最小。我们还能够在能量接收端的线路上直接连接各种设备，使终端用电高效且经济。

直流电是不可能进行如此远距离的大规模传输的。即便在最为理想的条件下，超过 10 英里的直流电传输也无法实现超过 100 马力的传输功率。罗斯柴尔德家族[1]曾尝试在相距 34 英里的巴黎和克雷伊[2]之间，以不到 100 马力的功率进行高压直流电传输，但这次尝试同样以失败告终。

尼亚加拉水电站采用的是交流电。在特斯拉的计划中，这一设施的全面运转能为 20 英里外的布法罗输送功率不低于 5 万马力的电能。

根据专家计算，这样一来，我们能够以非常经济的方式，将尼亚加拉水电站产生的电力输往 100 英里以外的地方。如果需要的话，甚至可以毫不费力地输往纽约和芝加哥。

不过这样一来，我们还需要考虑一个问题：在纽约用煤炭发电或者在芝加哥用天然气发电的成本是否会更低。但就算如此，特斯拉这一发明的重要性也丝毫不会受到影响。毕竟煤和天然气总有用尽的一天，而尼亚加拉大瀑布的水流永不停歇。

特斯拉认为，在煤炭储量无限的前提下，提升煤炭发电能够获得的能量是很有意义的。所以，他一直努力尝试将发电机和蒸汽机进行结合。

发明家们的思考通常会过于乐观。但如果真的能像他设想的那样，制造出只保留极少数必要配件的发电机，并将其与一台电力驱动的蒸汽机——而非齿轮驱动的笨重蒸汽机——组合起来，那么

---

[1] 梅耶·阿姆斯洛·罗斯柴尔德创立的欧洲金融家族，延续上百年，在金融、工业、政治等领域产生重要影响，是欧洲最负盛名的金融巨擘。

[2] 法国北部城镇，位于上法兰西大区瓦兹县。

创新：特斯拉传

显然，这台包含发电机与电动机的机器的发电量和工作效率都会远远超过这两个环节的机器作为独立单元运转时的情况，是一种更为经济的选择。

然而不幸的是，特斯拉先生最新的振荡器在前几天的大火中烧毁了。只有少数人有幸见过那台机器全面运行的场景。它提供的电流足以同时点亮大量的白炽灯和弧光灯，也能够支持各种新奇有趣的实验，为人们展示一系列奇特的现象。

这台由发电机和蒸汽机组合而成的机器，小到可以放在一张办公椅上。人们可以把它夹在腋下，带到其他地方去，以替代那些需要数匹马拖动的大型机器。

当时和振荡器一起进行展示的，还有在自由空间内点灯的实验、磷光灯照明的实验、高电位和高电压电流的无害性演示实验，以及人体承受百万伏特级电压能力的证明实验。这些实验的器材和道具都在那场大火中毁于一旦，但当时目睹实验过程的极少数幸运儿将永远不会忘记自己看到的一切。他们渴望有机会再次见到那些奇迹般的景象。

特斯拉没有辜负大家的期望，这个人简直不知疲倦。火灾的第二天，他一直工作到凌晨3点，到了6点，又按照平常的生活习惯起床，接着就着手开展重建工作。遭遇了如此大的不幸，几乎任何人都会产生挫败感，但他的勇气使他重新站了起来。

这期间，还发生了一个奇妙而具代表性的插曲：就在火灾后的某个晚上，特斯拉打算到镇上的一家俱乐部放松一下。他走进俱乐部，发现那里聚集了不少著名演员、音乐家和艺术家，其中许多是他非常熟悉的人物。朋友们看到他，都来向他表示关心，顿时给他带来了温暖。他的这些天才朋友还临时举办了一场只属于他一个人的即兴"慈善音乐会"。如果公众知道这场"慈善音乐会"的存在，他的实验室重建工作一定会筹到一大笔钱。

特斯拉的性格比较孤僻，在美国没有任何亲属，只有几个还算得上合拍的朋友。无论多么亲密的交际场合，他都提不起兴趣。在他心目中，这个世界上最美妙的地方莫过于自己的实验室了。台球是他为数不多的娱乐活动之一，另一个则是文学。

在罗伯特·安德伍德·约翰逊[1]的协助下，特斯拉翻译了塞尔维亚诗人约万诺伊奇·兹马伊[2]的大量作品。他为自己能向美国文学界介绍这位民族诗人的动人作品而自豪。读者或许能在本杂志以及《新视线》《独立报》等报刊上读到这个塞尔维亚人满怀钦佩的赞美文字。

在特斯拉的实验室里度过的任何一个夜晚都是值得回味的。他很少邀请别人来自己的实验室，但有时不得不在压力下屈服。业内专业机构的人员造访过他一两次，他当时准备了一些有趣且有实际意义的演示实验作为招待。特斯拉收集了不少新奇的仪器，都摆放在实验室中。他在美国、英国和法国的演讲中对其进行了展示。

这些仪器中，大部分是灯或灯泡形状的玻璃制品。如果将它们带进一个宽敞的房间，人们就会惊讶地发现，其中发出了耀眼的光

---

[1] 美国《世纪杂志》编辑，特斯拉为数不多的好友之一。
[2] 塞尔维亚诗人。其文学活动同19世纪后半期民族解放运动紧密相连，是塞尔维亚现实主义诗歌的奠基人之一。

创新：特斯拉传

芒。奇异的光流在这些中空的玻璃管中涌动、扭曲，将玻璃管映衬成乳白色。这些玻璃管的长度和直径各不相同，有的长如扫帚，有的细如麦秆。但无论是单独一个还是聚在一起，发出的光芒都是那样明亮、洁净。

特斯拉在其中一些灯里加入了通电后会发出磷光的物质，根据成分的不同，可以发出红色、蓝色和黄色的光。

还有一些灯的造型非常奇怪。其中一个可以让含有发光物质的乙醚蒸汽折射出闪电的图样。许多磷光灯因为奇特或漂亮而被展示出来，而在特斯拉的手中，它们被用来解释各种科学现象。看到这些，我们不得不承认，磷光照明的实际应用指日可待。

特斯拉曾在纽约、费城和圣路易斯[1]各进行过一次演讲，在伦敦和巴黎各进行过两次演讲。他不算是个成功的演讲家，很容易沉浸在一个又一个新奇的现象中，完全忘记了台下的观众。但专家们都听得津津有味，似乎这样的演讲永远也听不够。

1893年在圣路易斯的经历却不那么让人愉快。当时，美国国家电灯协会正在那里举行会议，他们邀请特斯拉来做一场关于"未来发展"的演讲。哪知，这场演讲的消息一公布，就传遍了整个城市。人们坚信，这场演讲充满了新奇有趣的现象展示。雪片般的申请书堆满了当地委员会的办公室。

迫于压力，主办方将演讲场地改为展览大厅。到了演讲当晚，展览大厅里人潮汹涌。人们争先恐后地挤进会场，甚至不惜为此大

---

[1] 美国密苏里州东部城市，位于密西西比河中游河畔。

打出手。而这让特斯拉感到意外。他原以为自己的听众会是一些电学领域的专业人士，却没想到自己需要面对一个挤满五千名听众的房间。虽然他勇敢地经受住了这一挑战，但他在心中暗暗发誓，再也不会有第二次了。

演讲结束后，人们坚持要与这位颇具神奇色彩的人物近距离接触，完全不顾现场人员的安排。在蜂拥而至的人群面前，特斯拉险些无路可逃。

世界博览会上还发生了一件有趣的事。当时，特斯拉先生应邀参加电气大会，对振荡器的原理进行解释。有一个精明的西方人曾在电力大厦见过特斯拉的仪器。这次，他非常迅速地找到了特斯拉本人，用尽招式劝说其进行一次长期的巡回演讲。但他不知道的是，特斯拉进行演讲，从来就不是为了钱，这也使他的努力打了水漂。

特斯拉的工作方式相当特别。不同于其他发明家，他通常没有工作伙伴，因此不会出现像莫尔斯[1]和威尔[2]那样，为自己在电报发明的某个环节的贡献而争执不休的情况。

特斯拉拥有一个能精准执行命令的高质量团队，整个实验室的指挥权始终在他一个人手里。他每天很早就起床工作，一直忙到深夜。有时，剧院散场出来的人会发现，他正在德莫尼克餐厅吃晚饭。

特斯拉始终将所有的精力倾注在工作上，他日益显赫的声名却

---

[1] 美国发明家，电报发明者。经其改进的电报机被各国普遍采用，所编的莫尔斯电码在电报事业中普遍应用。

[2] 美国发明家，机械师。1838年和莫尔斯建立合作伙伴关系，为其提供资金，并帮助开发了用于发送信号的点和划线系统，这些信号最终被称为莫尔斯电码。

创新：特斯拉传

吸引来了一群道貌岸然的发明家和图谋不轨的人。这些人希望借助特斯拉的力量，将那些看起来不可能实现的想法变成现实，自己则从中大赚一笔。不过，虽然特斯拉总能迅速地就工程学的各种问题给出可靠判断，且一直密切关注这一领域的最新动态，但他很少将自己的观点公之于众。他始终沉迷于对地球运行基本原理的研究，这是他为自己准备的研究课题。

特斯拉的研究所到达的高度已经超出了许多人能够理解的范围。人们一般只是知道地球自带电荷，但特斯拉特别指出，通过某种特定的仪器，人们可以证明这种电荷的存在，并对其进行干扰。在后续的发明工作中，他将精力集中于这个重大的问题。一旦他获得成功，将像拿破仑和恺撒大帝征服世界一样，在科学层面上征服物质。

特斯拉目前声称，这项研究已经获得了成功，他已亲眼见证无形但有声的火焰之臂从地面向天空升起。这听上去匪夷所思，但的确有着很高的可信度。特斯拉做事虽然很神秘，但也很谨慎，只会对外公布他通过实验亲自证明了的结果。

当然，他的这项最新成就涉及多个方面。按照他的理论，只要使用某种特定的方式，再进行适当调整，就能够实现与地球上其他地方的人进行无线通话。既然地球带有电荷，那么其他天体也可能如此。如果我们按照这个思路进行下去，完全可能让星际沟通成为现实。

（本文是乔治·海利·盖伊于 1895 年 3 月 31 日出刊的《纽约时报》上发表的文章）

附　录//

特斯拉生平大事记

1856年7月10日，特斯拉出生于斯米连（现属克罗地亚的戈斯皮奇市）的一个村庄，其父母都是塞尔维亚人。

Изводъ

Протокола Крещаемыхъ, при восточной православной церкви, храма святыхъ Апостолъ, Петра и Павла, въ Смиляни сущей.

Г. 21.

Родися младенецъ пола мужескаго, мѣсяца јуніа, дня 28 лѣта 1856 /тысящудевятьсотъ и пятдесятаго/ законный. Отецъ младенца, Милутинъ Тесла, парохъ Админіастратаръ, мати же Георгина, книгиня Смиляньски. Крестися и мѵромъ святымъ помазавася чрезъ мене јереа Тому І Окдеотеіа, пароха Админіастратора церкве храма святаго Великомученика и побѣдоносца Георгіа въ Госпићи сущіа, мѣсяца јуніа, дня 29 лѣта 1856. И дано бысть во святомъ крещеніи имя — Николай: воспріемникъ бысть, Іовъ Дреоовазъ, з. к. сотникъ, житель Госпићскій.

За сей изводъ протокола Крещаемыхъ, своему оригиналу со всѣмъ сходенъ быть, собственноручнымъ подписомъ и приложеніемъ обычной печати Свидѣтельствую.

Дано въ Госпићи /: Окружіе Личко-Отачкое:/ дне 19/31. октобріа 1883.

Протојерей Петръ Манојло
парохъ Госпићскій.—

Die Echtheit der Schrift u. Unterschrift des Herrn Pfarrers u. Bezirksdechants Petar Manojlo, wird dem hier ausgedrückten Kirchensiegel, wird nämlich bestätiget. Gospić, den 1/13. november 1883.

Der Gemeindevorsteher,
Vinović

创新：特斯拉传

1862 年，全家移居戈斯皮奇。

1875 年，在奥地利的格拉茨技术大学修读电机工程。

1882 年，在布达佩斯一公园散步时发现旋转磁场。秋天，就职于爱迪生电话公司巴黎分公司。

1883年，受雇于斯特拉斯堡的爱迪生大陆公司，并制造了第一个感应电动机模型。

1884年，前往纽约，经前雇主查尔斯·巴彻勒推荐，进入爱迪生机械公司工作。

创新：特斯拉传

1887年，创建自己的公司——特斯拉电灯与电气制造公司，但因投资商不同意其交流电动机的计划，最终被罢免职务。

1888年，在美国电气工程师协会演示无电刷交流电感应马达，对特斯拉线圈的原理加以发展。同年，开始在西屋电器与制造公司位于匹兹堡的实验室，与乔治·威斯汀豪斯一起工作。

1890年,在纽约第五大道建立自己的实验室。

1891年7月30日,加入美国国籍。

创新：特斯拉传

1894 年，拍摄到第一张 X 射线图像。

1895 年，尼亚加拉水电站的第一台发电机开始测试。特斯拉制造了水电站的发电机组。该水电站至今仍是世界上知名的水电站之一。

附 录 //

1898年，制造出世界上第一艘无线电遥控船，取得无线电遥控技术专利。

1917年，获得美国电气工程师协会授予的爱迪生奖章。

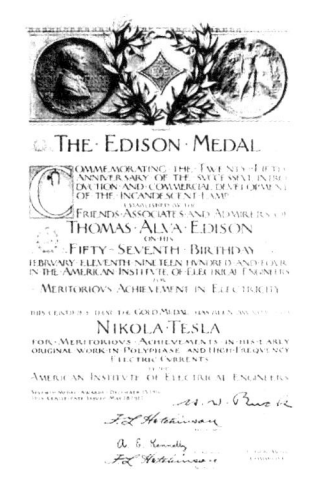

创新：特斯拉传

1919年，《特斯拉自传》开始连载。

1931年，在75岁生日之际收到来自爱因斯坦等70余位科学和工程先驱的贺信。

1943年1月7日，在纽约人酒店3327房间死于心脏衰竭，享年86岁。

创新
新
特斯拉传
TESLA BIOGRAPHY